beck^Ische
reihe

Selbstverletzendes und selbstzerstörerisches Tun zählt zweifelsohne zu den besonders erschreckenden Verhaltensweisen, insbesondere dann, wenn es bei Kindern oder Jugendlichen auftritt. Erleben und begreifen zu müssen, daß sich das eigene Kind absichtlich und dauerhaft leichte oder schwere Verletzungen zufügt oder gar versucht, sich selbst zu töten, schockiert Eltern und Pädagogen in denkbar heftigster Form. Dies um so mehr, als sie sehr schnell erkennen müssen, daß ohne äußere Hilfe dieses zunächst so unverständliche wie emotional äußerst belastende Verhalten kaum dauerhaft zu beenden ist. Aber auch für Mediziner und Psychologen stellen selbstzerstörerische Handlungen eine besonders schwierige Aufgabe dar, weil sich diese Verhaltensweisen oft hinter „normalen" Krankheitsbildern verbergen und ihre Behandlung sehr langwierig und komplex ist.

Gunther Klosinski versucht, einen differenzierten Überblick über die Ursachen, Motive und Erscheinungsformen selbstverletzenden und selbstzerstörerischen Verhaltens zu geben, indem er auf dessen sehr unterschiedliche biologische, psychologische und soziale Aspekte eingeht. Dennoch kann und will sein Buch kein psychologischer Ratgeber im üblichen Sinne sein. Wohl aber eine erste Hilfestellung, selbstzerstörerisches Verhalten von Kindern und Jugendlichen zu verstehen und sich ihm nicht mehr hilflos ausgesetzt zu fühlen.

Gunther Klosinski ist Professor für Kinder- und Jugendpsychiatrie/Psychotherapie sowie ärztlicher Direktor der Abteilung Psychiatrie und Psychotherapie im Kindes- und Jugendalter der Universität Tübingen. Bei C.H. Beck ist außerdem von ihm erschienen: „Psychokulte – Was Sekten für Jugendliche so attraktiv macht" (1996).

Gunther Klosinski

Wenn Kinder
Hand an sich legen

Selbstzerstörerisches Verhalten
bei Kindern und Jugendlichen

Verlag C.H. Beck

Mit 2 Abbildungen

Die Deutsche Bibliothek – CIP Einheitsaufnahme

Klosinski, Gunther:
Wenn Kinder Hand an sich legen : selbstzerstörerisches
Verhalten bei Kindern und Jugendlichen / Gunther
Klosinski. – Orig.-Ausg. – München : Beck, 1999
  (Beck'sche Reihe ; 1283)
  ISBN 3 406 42083 4

Originalausgabe
ISBN 3 406 42083 4

Umschlagentwurf: Groothuis + Malsy, Bremen
Umschlagabbildung: G & M David de Lossy/The Image Bank
© C. H. Beck'sche Verlagsbuchhandlung (Oscar Beck), München 1999
Gesamtherstellung: C. H. Beck'sche Buchdruckerei, Nördlingen
Gedruckt auf säurefreiem, alterungsbeständigem Papier
(hergestellt aus chlorfrei gebleichtem Zellstoff)
Printed in Germany

Inhalt

Die Gewalt lebt davon,
daß sie von anständigen Leuten
einfach nicht für möglich gehalten wird.

Jean-Paul Sartre

Das Problem mit der heutigen Jugend liegt darin,
daß sie sich nicht als Baufirma versteht,
sondern als Abbruchunternehmen.

Marcello Mastroianni

Einführung

Selbstverletzendes Verhalten, mit oder ohne Selbstmordabsichten, sei es offen oder verdeckt ausgeführt, löst bei der Umwelt Befremden, Entsetzen, Unverständnis, Ohnmacht, aber auch Mitgefühl, Erbarmen, Ablehnung, Verurteilung und Distanzierung aus. Es erscheint uns widersinnig, geradezu grotesk, daß ein Kind oder ein Jugendlicher (oder auch ein Erwachsener) seinen eigenen Körper schädigt, verunstaltet, indem es oder er sich verletzt, schneidet, brennt oder schlägt. Ist selbstschädigendes, selbstverletzendes Verhalten stets Ausdruck einer schweren seelischen Störung, Vorläufer eines späteren Selbstmords (Suizids)? Ist es noch normal, wenn ein Kind mit 2½ bis 3 Jahren in der Trotzphase seinen Kopf auf den Parkettboden schlägt und sich dabei eine Beule zuzieht? Ist es noch normal, wenn man sich aus Verzweiflung und Wut die Haare rauft bzw. ausreißt? Wie ist es zu verstehen, wenn ein jugendlicher schizophrener Patient eine Selbstkastration vornimmt oder ein geistig behindertes, blindes Kind sich mit seinen Fäusten immer wieder auf die Augäpfel schlägt?

Diese wenigen Beispiele sollen andeuten, daß das Phänomen selbstverletzenden Verhaltens ein breites Handlungsspektrum abdeckt, das von einer Normvariante des normalen Verhaltens einerseits bis hin zu schwersten krankhaften Zuständen andererseits reicht. Neben der Selbstverletzung und Selbstschädigung als Auffälligkeit und Besonderheit eines Individuums wird andererseits in zahlreichen Kulturen Selbstschädigung im Dienste der sozialen Stabilität oder religiöser Praktiken gesellschaftlich sanktioniert. Wenn bei Pubertätsriten z.B. rituelle Verletzungen am Körper des Initianten durchgeführt werden, so handelt es sich in den Augen der sozialen Gruppe nicht um abweichendes Verhalten, sondern um ein notwendiges tradiertes Geschehen, dem eine soziale Funktion zukommt, z.B. die Einbindung in eine bestimmte Altersgruppe.

Im Vergleich zwischen Jungen und Mädchen überwiegen unter der kinder- und jugendpsychiatrischen Klientel bis zur Vorpubertät die Jungen, man spricht dann von einer sogenannten *Knaben-wendigkeit.* Ab der Pubertät findet sich dann überraschend eine andere Verteilung: Es überwiegen nunmehr die Mädchen. Während bei den Jungen in der Vorpubertät in besonders auffälliger Weise die sogenannten fremdaggressiven, nach außen gerichteten Verhaltensstörungen überwiegen, dominieren in der Pubertät und Adoleszenz bei den Mädchen depressive Zustandsbilder mit selbstzerstörerischem Verhalten. Magersucht *(Anorexia nervosa)* und Eß-Brech-Sucht *(Bulimie)* können dabei zu den Krankheitsbildern mit chronisch selbstzerstörerischem Verhalten hinzugerechnet werden (man kann die Pubertätsmagersucht auch als chronischen Selbstmord auf Raten bezeichnen, wobei in aller Regel der Selbstmord von den meisten dieser Patientinnen nicht intendiert ist). Depressive Krankheitsbilder in der weiblichen Pubertät beinhalten auch unterschiedliche Formen suizidalen Verhaltens, die bei Mädchen im Vergleich zu den Jungen häufiger anzutreffen sind.

Mit diesem Buch möchte ich versuchen, den unterschiedlichen Ursachen und Motiven selbstverletzenden und selbstzerstörerischen Verhaltens näherzukommen, um zu zeigen, daß ganz unterschiedliche biologische, psychologische und soziale Aspekte eine Rolle spielen, die erkannt und differenziert werden wollen, möchte man einem solchen Verhalten vorbeugend oder therapeutisch erfolgreich begegnen.

Da die „Selbstverletzung" und auch die „Selbstmordhandlung" sehr komplexe und schwierig zu verstehende Phänomene sind, muß ich in einem eigenen Kapitel (Kapitel IV) etwas differenzierter auf die biologische und psychodynamische Ursachenforschung eingehen, um nicht nur an der Oberfläche dieser psychischen Störungen zu bleiben, was meine Leser hoffentlich nicht als Zumutung empfinden werden. Entsprechend differenziert und schwierig sind auch die therapeutischen Maßnahmen, die im Rahmen einer ambulanten oder stationären Therapie (oft ist letzteres notwendig) angewandt werden müssen. Vor allem hieran interessierten oder vorgebildeten Lesern sei das Kapitel V besonders empfohlen.

Da eine nach außen, gegen andere Personen gerichtete Aggression (man spricht in Fachkreisen von *Fremdaggression*) und die gegen die eigene Person gewandte Aggression *(Autoaggression)* zwei Seiten einer Medaille sind, ist es mir ein Anliegen, in diesem Buch auch auf gesellschaftliche Bedingungen einzugehen, die Aggression in der einen oder anderen Richtung (gegen sich selbst oder gegen andere) fördern. Dies hat zur Konsequenz, daß wir uns mehr denn je fragen müssen, was wir unter erzieherischen Aspekten tun können, um Aggression und Gewalt in ihren destruktiven Formen zu verringern.

Bei allen schweren Formen selbstverletzenden Verhaltens von Kindern und Jugendlichen besteht für Eltern und Erzieher nur bedingt die Möglichkeit, sinnvoll einzugreifen; ihnen bleibt oft nur der Weg, sich professionelle Hilfe bei Erziehungsberatungsstellen, Psychologischen Beratungsstellen, bei Kinder- und Jugendpsychiatern oder Psychotherapeuten zu holen.

Im ersten Kapitel wird die Vielfalt der Formen selbstverletzenden und selbstzerstörerischen Verhaltens in den unterschiedlichen Altersstufen beschrieben, um einen ersten Überblick und Zugang zum Phänomen Selbstverletzung/Autodestruktion zu geben.

Im zweiten Kapitel wird selbstverletzendes Verhalten Jugendlicher vor dem Hintergrund entwicklungspsychologischer Aufgaben dieser Altersstufen beleuchtet und unter dem Aspekt der Stigmatisierung und der Selbstinitiation erörtert. Ich habe versucht, anhand von klinischen Beispielen die Not und seelische Dynamik betroffener Jugendlicher dem Leser anschaulich zu machen.

Ein eigenes – das dritte – Kapitel ist den Suizidversuchen und dem Suizid im Kindes- und Jugendalter gewidmet.

Im vierten Kapitel werden die wichtigsten Theorien zur Selbstaggression sowie die möglichen Ursachen und dynamischen Prozesse beschrieben, die zu Selbstverletzungen, Selbstverstümmelungen und zum Suizid führen.

Im fünften Kapitel erörtere ich die Möglichkeiten der therapeutischen Hilfestellung bei selbstverletzendem und suizidalem Verhalten Jugendlicher sowie mögliche präventive Aspekte. Manche Leserin und mancher Leser, die weniger an medizinisch-psychiatrischen Details und an unterschiedlichen Aggressionstheorien interessiert sind, werden Kapitel IV und V auch „überspringen" können. Dies insbesondere auch dann, wenn mehr allgemeine, gesellschaftliche und erzieherische Gesichtspunkte zum Thema interessieren.

Das vorliegende Buch möchte Eltern, KindergärtnerInnen, ErzieherInnen und LehrerInnen über die Vielfalt autoaggressiver Verhaltensweisen informieren, die in allen „Verdünnungsstufen" von relativ harmlosen Erscheinungsformen (Kopfschlagen bei Kleinkindern und Nägelbeißen in Streßsituationen) bis hin zur Selbstverstümmelung und zum Selbstmord auftreten.

Selbstverletzendes und selbstdestruktives Verhalten ist ganz besonders schuld- und schambesetzt; deshalb sei den Kindern, Jugendlichen und Eltern an dieser Stelle für ihre Offenheit und ihr Vertrauen besonders gedankt. Der Dialog und die Begegnung im therapeutischen Alltag mit Ratsuchenden standen Pate bei der Entstehung dieses Buches.

Tübingen, im Frühjahr 1999   *Gunther Klosinski*

I. Formen selbstverletzenden und selbstzerstörerischen Verhaltens

Selbstverletzendes und selbstzerstörerisches Verhalten umfaßt eine Fülle ganz unterschiedlicher Auffälligkeiten, deren Gemeinsamkeit letztlich die Beschädigung des eigenen Körpers ist. Das Spektrum reicht von selbstschädigenden Verhaltensweisen indirekter Art, wie sie Medikamentenmißbrauch und Drogenkonsum darstellen oder ein Mißbrauch von Genußmitteln (Rauchen oder übermäßiges Trinken), bis hin zum Suizid.

Zu den weniger auffälligen Selbstschädigungsformen zählen: körperliche Passivität und Bewegungsarmut, Desorganisation des Tagesablaufs, selbstprogrammierter Mißerfolg, Freizeitbeschäftigungen, die geistige Verarmung bewirken, negative Selbstbewertung und deren Kompensation durch Selbstbehauptungstechniken, Ausstiegs- und Fluchttendenzen.[1] Für diese Verhaltensweisen werden von den Betroffenen eigene Legitimationsmuster entwickelt, z.B. durch Abwertung allgemeiner kultureller Werte und durch die Ablehnung von Normen. Diese mehr passiven Selbstschädigungstendenzen sollen hier jedoch nicht im Vordergrund stehen, sondern die akuten, aktiv-selbstverletzenden und selbstdestruktiven Verhaltensweisen.

Die Begriffe *Autoaggression* und *Automutilation* gelten im deutschsprachigen Raum als gleichwertige Benennungen für den Begriff der Selbstverletzung. In der anglo-amerikanischen Literatur wird gemeinhin zwischen „Self-injury", „Self-destruction" und „Self-mutilation" unterschieden.

Eine sinnvolle Unterteilung ist die Unterscheidung zwischen sogenannten „offenen Selbstverletzungen", „artifiziellen Erkrankungen" und „Simulation". Den beiden letzteren Formen ist die Verheimlichung der Selbstverletzungen gemeinsam. Bei der *Simulation* wird die Selbstverletzung bewußt zur Vortäuschung einer Erkrankung eingesetzt, um damit ein bestimmtes Ziel zu erreichen. Personen mit einer *artifiziellen Erkrankung* produzieren oder täuschen bewußt Symptome vor, um damit immer wieder die Patientenrolle einnehmen zu können.[2] Unter *Automutilation* versteht man das Verletzen des eigenen Körpers, das Gewebeschädigungen zur Folge hat, wobei ein Suizid nicht bewußt angestrebt wird.[3]

Im Sprachgebrauch der Weltgesundheitsbehörde (WHO) spricht man nicht von *artifizieller Erkrankung*, sondern von *artifiziellen Störungen*, die wie folgt definiert werden: „Bei Fehlen einer gesicherten körperlichen oder psychischen Störung, Krankheit oder Behinderung täuscht der Patient wiederholt und beständig Symptome vor. Bei körperlichen Symptomen kann dies sogar so weit gehen, daß die betreffende Person sich selber Schnittverletzungen oder Schürfwunden zufügt, um Blutungen zu erzeugen, oder sich selbst toxische Substanzen injiziert. Die Nachahmung von Schmerzen und das Bestehen auf dem Vorhandensein von Blutungen können so überzeugend und hartnäckig sein, daß wiederholt Untersuchungen und sogar Operationen in verschiedenen Krankenhäusern oder Ambulanzen durchgeführt werden, trotz wiederholt negativer Befunde." Man spricht dann von Patienten mit einem sogenannten „Hospital-hopper-Syndrom", da sie ein Krankenhaus nach dem anderen aufsuchen und nicht erfolgreich behandelt werden können.

Zum Begriff der Automutilation ist zu ergänzen, daß es sich um eine spezifische Form von Autoaggression handelt, die sich etymologisch herleiten läßt: Das griechische Wort „autos" bedeutet „selbst, eigen", und das lateinische „mutilare" meint, „ein Stück abschneiden von etwas, verkleinern, verstümmeln". Im angloamerikanischen Sprachraum gibt es keine allgemein anerkannten Fachbegriffe für autoaggressives bzw. automutilatives Verhalten.[4] Hingegen wird eine Vielzahl synonym verwendeter Benennungen gebraucht. Während die Begriffe „self-injurious-behavior", „self-destructiv-behavior", „self-damaging-behavior", „self-aggression" eher als Sammelbegriffe im Sinne von Autoaggression verwendet werden, haben „self-mutilation", „deliberate-self-harm", „self-defacement", „self-disfigurement", „self-inflicted-wounds" usw. eher die spezifische Bedeutung von Automutilation. Bei geistig Behinderten und Autisten findet im Amerikanischen durchweg der Begriff „self-injurious-behavior" Verwendung. Diesen Begriffswirrwarr haben *Tantam und Whittaker*[5] zu ordnen versucht: Sie unterscheiden einmal zwischen Verhaltensweisen, deren

Hauptabsicht darin besteht, die körperliche Integrität anzugreifen, und verwenden hierfür den Begriff „self-harm". Wird hingegen die Selbstschädigung durch Einnahme einer Substanz verursacht, wird der Begriff „self-poisoning" gebraucht. Geschieht sie von außen am Körpergewebe, sprechen sie von „cutting" oder „wrist-cutting" im Sinne von „self-injury".

Selbstverletzendes Verhalten in Form von Automutilation kann alle Körperregionen betreffen, insbesondere sind davon die Arme und das Gesicht betroffen. Zu unterscheiden sind Intensität und Verletzungsgrad, die Häufigkeit, die Dauer und die Regelmäßigkeit selbstverletzenden Verhaltens. Auch die Automatisierung und der Situationsbezug sind oft für die Diagnose wichtig. Leichtere Formen von Automutilationen sind Verhaltensweisen wie das Schlagen mit der Hand oder der Faust an den Kopf, Sichselbst-Beißen oder -Kneifen, Sich-selbst-blutig-Kratzen und das Ausreißen von Haaren.

Schwerere Formen liegen vor, wenn mit dem Kopf gegen Wände oder Türbogen geschlagen wird, wenn sich die Betreffenden Teile der Lippe oder der Zunge abbeißen oder wenn mit den Fingern ein heftiges Augenbohren erfolgt. Auch tiefe Schnittverletzungen oder Verbrennungen sind hier zu nennen. Extreme Selbstverletzungen, die u.U. tödlich enden, sind Selbstenukleation (Entfernung des Auges), Selbstverstümmelung der Genitalien, selbstvollzogene Amputationen ganzer Körperteile und Autokannibalismus.

Scharfe Gegenstände aller Art, wie Messer, Glassplitter, Bleistifte, Rasierklingen, Nadeln und Büroklammern, werden als Instrumente für Selbstschädigungen des eigenen Körpers verwendet. Es können aber auch die Zähne, Hände, Fingernägel oder die Faust zur Selbstschädigung eingesetzt werden. In der Forschung wird zwischen drei unterschiedlichen Schweregraden von Autoaggressionen hinsichtlich Intensität, Häufigkeit, Dauer und Situationsbezug sowie Verletzungsgrad und Grad der Automatisierung des Verhaltens unterschieden:[6]

– *Leichte Autoaggressionen:* Diese zeichnen sich durch geringe Verhaltensintensität aus, verlaufen ohne sichtbare Verletzungen und lassen oft einen deutlichen Situationsbezug (wie z.B. Überforderung) erkennen, z.B. Schlagen mit der flachen Hand.

– *Mittlere Autoaggressionen:* Sie werden intensiver, regelmäßiger, z.T. bereits automatisiert ausgeführt und führen zu sichtbaren Verletzungen wie Narben und Verhornungen (z.B. kratzen, mit der Faust an den Kopf schlagen).

– *Schwere Autoaggressionen:* Diese geschehen ohne erkennbaren Situationsbezug und in massiver Form. Sie sind zudem stark automatisiert bzw. ohne Selbstkontrolle und können zu lebensbedrohlichen Verletzungen führen (z.B. Stirn gegen Tischkante schlagen).

Diese Einteilung hat sich als hilfreiches Raster erwiesen, um im Rahmen von verhaltenstherapeutischen Maßnahmen selbstverletzendes Verhalten bei behinderten und autistischen Kindern systematisch zu beobachten und zu bessern. Für die USA wird geschätzt,[7] daß dort pro Jahr 500 Fälle von schweren Autoaggressionshandlungen vorkommen in Form von Selbstzerstörung des Auges *(Autoenukleation).* Oberflächliche und mittelschwere Automutilationsformen sind in den westlichen Industriestaaten mit knapp 1% weiter verbreitet als allgemein angenommen und sind damit etwa so häufig wie die schizophrene Erkrankung.[8]

Bei bestimmten psychiatrischen Störungen, d.h. bei speziellen Patientengruppen, kommt selbstverletzendes Verhalten gehäuft vor: Insbesondere bei Personen mit multipler Persönlichkeitsstörung sowie bei Patientinnen mit Anorexie und Bulimie: Ein gemeinsames Vorkommen (sogenannte *Co-Morbidität*) liegt hier zwischen 25% und 40%, wobei sie bei Bulimikerinnen höher zu sein scheint als bei Anorektikerinnen.[4]

Bezüglich der Häufigkeit oberflächlicher Selbstverletzungen wurden folgende Angaben veröffentlicht:[9] Unter den 240 befragten Frauen war die gebräuchlichste Methode die des Selbst-Schneidens (self-cutting) mit 72%, gefolgt von Selbst-Brennen (35%), Selbst-Schlagen (30%), Verhinderung der Wundheilung (22%), schwerem Selbst-Kratzen (22%), Haareausreißen (10%) und Selbst-Brechen der eigenen Knochen (8%). Die meisten wiesen mehrere Narben auf, insbesondere an den Armen (74%), an den Beinen (44%), am Bauch (25%), am Kopf (23%), an der Brust (18%) und an den Genitalien (8%). Interessant ist, daß diese Form von Automutilation bei Mädchen in der frühen Pubertät am häufigsten zu beobachten ist.

Verläßliche Zahlen liegen für das Häufigkeitsvorkommen von selbstverletzendem Verhalten bei der kinder- und jugendpsychiatrischen Klientel vor. In der Würzburger Kinder- und Jugendpsychiatrie[10] wurde im Zeitraum von 10 Jahren bei 3,8% der stationär behandelten kinder- und jugendpsychiatrischen Patienten eine Selbstverletzung in der Krankengeschichte dokumentiert. Die häufigste Form der Selbstverletzung war das Ritzen der Haut mit verschiedenen scharfen Gegenständen (64%). Wundverletzung, Schlagen und Kratzen kamen mit jeweils 14% an zweiter Stelle, gefolgt vom Schlucken nicht eßbarer Substanzen (z.B. Reißbrettstifte) und Beißen (7%), Nagelbettverletzungen (7%) und Haareausreißen (5%). Es folgen Verbrennungen (4%), Stechen (4%), Verätzungen (2%) und Schußwunden (2%). Die Autoren konnten feststellen, daß bei fast allen Patienten der Beginn der Selbstverletzungen vor dem stationären Aufenthalt lag (92%). Bei 52% dieser Patienten war die Selbstverletzung in der Vorgeschichte beschrieben, ohne daß dann während des stationären Aufenthaltes eine weitere Selbstverletzung erfolgte. Die vier häufigsten Diagnosen bei den Selbstverletzern lauteten: 1. Reaktion auf schwere Belastungen und Anpassungsstörungen (14%), 2. kombinierte Störung des Sozialverhaltens und der Emotionen (13%), 3. Störungen sozialer Funktionen mit Beginn in Kindheit und Jugend (13%) und 4. Eßstörungen (9%). Abnorme psychosoziale Belastungen (z.B. Trennung, Scheidung, Wohnortwechsel, Ausfall eines Elternteils durch Krankheit etc.) fanden sich in der Gruppe der stationär behandelten Patienten mit Selbstverletzungen häufiger (87,2%) als in der Restgruppe der stationär behandelten Patienten (77,9%). Dabei erschienen die psychosozialen Belastungen unspezifisch zu sein.

1. Leerlaufhandlungen und Selbstverletzung im Kindesalter

Leerlaufhandlungen, auch als *motorische Stereotypien* bezeichnet, können mit Selbstverletzungen einhergehen, müssen es aber nicht. Die Stereotypien äußern sich in wiederholten, relativ gleichförmigen Bewegungen des Kopfes, des Körpers und/oder der Hände, die im Unterschied zu den *Tics* oft eine gesamte Körperregion im Sinne einer integrierten, zweckvollen und offensichtlich willensgesteuerten Bewegung betreffen. Die am häufigsten vorkommende, normale und angeborene Form einer motorischen Stereotypie ist das Daumenlutschen, das bereits vom Fötus gelernt wird, damit er nach der Geburt auf den Saugakt optimal vorbereitet ist. Nur extrem selten kommt es bei exzessivem Daumenlutschen im Kleinkindesalter zu Verletzungen der Haut. Dies ist dann der Fall, wenn Kinder nicht nur lutschen, sondern mit ihren Milchzähnen dann auch neben dem Saugen zubeißen. Geistig behinderte oder auch blinde Kinder neigen zum Nase-, Ohren- oder Augenbohren in exzessiver Form. In der Regel handelt es sich um eine Art Selbststimulation hirnorganisch- oder sinnesgeschädigter Kinder. Bei ihnen kann es immer wieder zu Selbstverletzungen kommen.

Stereotypes selbstverletzendes Verhalten ist aber kein Phänomen, das ausschließlich bei geistig Behinderten auftritt: So zeigen im ersten Lebensjahr fast alle Kinder als vorübergehendes Verhaltensmuster ein rhythmisches Hin- und Herschaukeln mit dem Oberkörper. Das Körperschaukeln tritt bei vielen Kindern im Alter zwischen dem 4. und 10. Monat auf und verschwindet nach dem 2. Lebensjahr. Bei 6% bis 19% wird diese Verhaltensauffälligkeit chronisch.[11] Entsprechend der Häufigkeit ihres Auftretens lassen sich stereotype Automutilationen im Kindesalter in folgender Reihenfolge nennen:[12] Schlagen des Kopfes und Schlagen mit dem Kopf, Beißen eigener Körperteile, Sich-selbst-Kratzen, Bohren in Ohren und Augen, Sich-selbst-Kneifen und Haareausreißen.

In einer Untersuchung an nichtbehinderten Heimkindern im Alter zwischen 10 Monaten und 11 Jahren wurden bei 16,9% mehrmals täglich, bei 23,3% mindestens einmal täglich und bei 28,9% mindestens einmal wöchentlich selbstverletzende Verhaltensweisen (Nägelbeißen, Sich-selbst-Kratzen/-Kneifen, Lippenbeißen, Kopfschlagen) festgestellt.[11]

Auf der Basis von Forschungsergebnissen zur Häufigkeit von stereotypem automutilativem Verhalten bei Nichtbehinderten im englischsprachigen Raum wurden folgende thesenartige Schlußfolgerungen formuliert:[4]

1. Insgesamt zeigen – je nach Studie – 7% bis 14% der nichtbehinderten Kinder im Säuglings- und Kleinkindesalter selbstverletzende Verhaltensweisen, wobei

2. diese im allgemeinen im Alter von 7–8 Monaten auftauchen und bis zum 5. Lebensjahr wieder verschwinden.

3. Bei schizophrenen Kindern (eine in diesem Lebensalter fragwürdige Diagnose) wird häufiger selbstverletzendes Verhalten beobachtet (evtl. bis zu 40%).
4. Bei in Institutionen untergebrachten geistig Behinderten beträgt das Häufigkeitsvorkommen 8% bis 14%.
5. Je stärker die Behinderung, desto häufiger und schwerer ist das selbstverletzende Verhalten.
6. Selbstverletzendes Verhalten tritt oft kombiniert mit sonstigen Bewegungsstereotypien, aggressivem Verhalten, Kommunikationsdefiziten und neuropathologischen Problemen auf.
7. Weitaus am häufigsten wird Kopfschlagen beobachtet, meistens in Kombination mit anderen selbstverletzenden Verhaltensweisen.

Im folgenden möchte ich auf jene motorischen Stereotypien im Kindesalter besonders eingehen, bei denen es immer zu Selbstverletzungen (zwanghaftes Haareausreißen, Nägelbeißen) oder relativ häufig zu Selbstverletzungen kommen kann (Kopfschlagen).

2. Kopfschlagen im Kleinkindesalter

Unter *Kopfschlagen* (Jactatio capitis; jactare [lat.] = werfen) werden streng rhythmische Bewegungen mit dem Kopf, meist in Rückenlage, zusammengefaßt, die zu einem seitwärts ausgeführten Hin- und Herpendeln, zu einem sogenannten *Kopfwiegen*, führen. Seltener schlagen Kleinkinder ihre Stirn gegen die Wände oder Stäbe des Bettes (Kopfschlagen). Häufig tritt die *Jactatio capitis* abends beim Einschlafen auf oder dann, wenn die Kinder müde sind. Diese Form der Bewegungsstereotypie bedarf in aller Regel, wenn sie bei Kleinkindern abends vor dem Schlafengehen auftritt, keiner Behandlung und hat eine gute Prognose. Die Angaben über das Häufigkeitsvorkommen streuen zwischen 1,5% und 15,2%.[11]

Kopfschlagen tritt meistens im Alter zwischen 8 und 10 Monaten als vorübergehendes Phänomen auf und zeigt sich nach dem 2. und 3. Lebensjahr nur noch selten. Übereinstimmend wird berichtet, daß das Kopfschlagen bei Knaben häufiger zu beobachten ist (ich habe schon darauf hingewiesen, daß generell im Kindesalter bis zur Vorpubertät Verhaltensstörungen und Verhaltensauffälligkeiten eine sogenannte Knabenwendigkeit aufweisen).

Häufiger tritt die Körperstereotypie des Kopfschlagens bei geistig Behinderten auf, sei es, daß die Behinderung angeboren oder erworben (z. B. als Folge einer Hirnentzündung) ist.

Eine Bewußtseinsstörung liegt beim Kopfschlagen nicht vor, jedoch können sich die Kinder während der Jactationen von der Umwelt isolieren, wie dies auch bei anderen Formen gewohnheitsmäßiger Manipulationen der Fall ist (besonders beim Haareausreißen). Gelegentlich können bei kopfschlagenden Kindern tranceartige Zustände beobachtet werden. Man kann diesen Zustand dann als eingeengten, hypnoseähnlichen Bewußtseinszustand bezeichnen. Auffällig ist hierbei die Selbstbezogenheit dieses Ablaufs, die aber durch geringfügige Umweltreize unterbrochen werden kann. Es scheint, daß zumeist eine Erregungsabfuhr im Vordergrund steht, gelegentlich wirkt der Vollzug ausgesprochen lustvoll, und manche Kinder werden ärgerlich, wenn sie dabei gestört werden.

Im Trotzalter finden sich besonders ausgeprägt sogenannte *Trotzjactationen*, bei denen nach Enttäuschungserlebnissen der Rückzug der Kinder in die Bewegungsstereotypie unverkennbar ist. Insbesondere bei dieser Form kann es zu leichten Verletzungen kommen, wenn die Kinder ihren Kopf gegen die Wand oder den harten Fußboden schlagen. Bewährt hat sich in solchen Situationen, die Kinder abzulenken, sie gleichsam aus ihrem Zustand herauszureißen, um sie für andere Dinge zu interessieren mit dem Ziel, sie von dem abzubringen, was ihren Trotz hervorgerufen hat.

Dauert das Kopfschlagen eines nicht hirngeschädigten Kindes über das 3. Lebensjahr hinaus an, liegt oft eine mangelnde emotionale Zuwendung vor. Die motorische Stereotypie muß dann als eine Ersatzbefriedigung für den Mangel an liebevoller Zuwendung gedeutet werden.

3. Zwanghaftes Haareausreißen im Kindesalter

Das dranghafte Drehen, Ziehen, Zupfen und Ausreißen der eigenen Haare *(Trichotillomanie)* ist im Vergleich zum Nägelbeißen und zum Kopfschlagen seltener, tritt bei Mädchen häufiger auf als bei Jungen, und zwar zumeist zwischen acht und elf Jahren. Das

Haareausreißen muß als eine schwerwiegendere neurotische Verhaltensstörung angesehen werden und geht oft mit einer depressiven Grundstimmung einher. Diese Störung bedarf der Therapie, weil sie keine gute Spontanprognose aufweist, das heißt, sich ohne Eingriff von außen nicht bessert, sondern häufig chronisch wird. Trichotillomanie tritt nicht selten mit anderen stereotypen körperlichen Manipulationen wie Daumenlutschen, Nägelbeißen oder Genitalmanipulationen zusammen auf. In aller Regel erfolgt das Haareausreißen am Abend oder nachts. Gelegentlich werden die herausgerissenen Haare geschluckt, was nicht ungefährlich ist, da sich im Magen ein sogenannter *Trichobezoar* bildet, ein Gebilde aus verklebten, dicht gepackten Haaren, das den Magenausgang verlegen und in seltenen Fällen durch einen möglichen Riß des Magens sogar zum Tode führen kann.

Für die Kinder ist das Haareausreißen lustvoll und schmerzhaft zugleich, stellt damit einen sadomasochistischen Akt dar. In aller Regel liegt, wie das folgende Beispiel zeigt, ein massiver familiärer Konflikt in Form einer Eltern-Kind-Beziehungsstörung vor, bei dem das Kind nicht wagt, aggressive Regungen zu zeigen, und seine Triebspannung über das Haareausreißen quasi abführt.

Eine elfjährige griechische Patientin, die bis zu ihrem 8. Lebensjahr bei den Großeltern in Griechenland lebte und dann zu ihren Eltern in die BRD nachzog, entwickelte nach der Migration eine schwere Trichotillomanie, die immer dann wieder verschwand, wenn sie zu den Großeltern nach Griechenland zurückkehrte. Sie wagte nicht, ihren Eltern kundzutun, daß sie am liebsten bei den Großeltern in Griechenland bleiben würde, „signalisierte" mit ihrer Symptomatik jedoch überdeutlich, was sie verbal nicht auszudrükken wagte.

Als eine wesentliche Voraussetzung für die Entwicklung der Symptome gilt die auffällige Koppelung von verdrängten Wut- und Aggressionsimpulsen einerseits und ein sehr intensives Zärtlichkeits- und Anlehnungsbedürfnis andererseits.[13] Auch bestehen offenbar Zusammenhänge zu einer mangelhaft entwickelten Beziehung zum eigenen Körper, die aus affektiven Frustrationen herrührt: Erst der Schmerzreiz verschafft quasi die Gewißheit der eigenen Existenz. Stets ist hier eine familientherapeutisch orientierte Vorgehensweise notwendig.

4. Nägelknabbern, Nägelbeißen

Nach dem besonders in den ersten drei Lebensjahren auftretenden Kopfschlagen ist das Nägelbeißen, das Nagen und Kauen von Fingernägeln *(Onychophagie)*, die häufigste Form kindlicher Körpermanipulationen. Sie tritt erst nach dem 4. Lebensjahr auf. Dies wurde bereits in den 50er Jahren bei einer Untersuchung von 4587 Schulkindern deutlich.[14] Danach kauten 38% der 5jährigen, 61% der 8–11jährigen und 28% der 18jährigen Nägel. In einer neueren Studie ließ sich nachweisen, daß 22% der 3–8jährigen und 28% der 9–11jährigen Nägelkauer waren, wobei erstaunlicherweise die Verbreitung bei Mädchen signifikant höher war.[15]

Es kann entweder immer der gleiche Fingernagel sein oder alle Fingernägel beider Hände, bei jüngeren Kindern gelegentlich auch die Fußnägel. Manchmal werden die Nägel bis weit in die Nagelsohle abgenagt, oder die Haut der Fingerkuppen und andere Stellen werden abgebissen. Typisch ist die Zunahme des Nägelbeißens in Druck- und Spannungssituationen, bei Angst vor Strafe, bei Lösung schwieriger Aufgaben (Klassenarbeiten) oder in Konfliktsituationen überhaupt. Bei spannenden, ängstigenden Fernsehfilmen läßt sich das Nagelbeißen ebenfalls relativ häufig feststellen. Auch Jugendliche, die sich in einer Drucksituation befinden, zeigen überdurchschnittlich häufig dieses selbstverletzende Verhalten: Insbesondere in Untersuchungshaft befindliche Jugendliche, die auf ihre Hauptverhandlung warten müssen und nicht wissen, wie ihr weiterer Lebensweg aussieht, sind betroffen. Generell läßt sich feststellen, daß sich das Nägelbeißen, wie andere Verhaltensauffälligkeiten auch, besonders in einer Zeit wachsender sozialer, intellektueller und affektiver Anforderungen, die von Spannungen und Konflikten begleitet ist, manifestiert. Ein innerer chronischer Spannungszustand wird gleichsam über die motorische Stereotypie nach außen „abgeführt".

Wie beim Daumenlutschen liegen auch für das Nägelbeißen vergleichende Verhaltensbeobachtungen bei Tieren vor, die bei Triebkonflikten, wie beispielsweise in der Konkurrenzsituation zwischen Flucht- und Angriffsdrang, ersatzweise stereotype „Übersprungsbewegungen" zeigen. Bei Vögeln kommt es beispielsweise zum Scheinfressen oder Scheinnisten, bei Affen zu mechanischen Kratzbewegungen oder zu masturbatorischen Handlungen, die an die Stelle einer verhinderten Affektabfuhr getreten sind. Damit läßt sich Nägelkauen als eine Art Ersatzbefriedigung für verbotene oder nicht gewagte Aggressionen, als Selbstbestrafung bei starken Schuld- und Angstgefühlen (etwa bei Spiel- und Lernstörungen) oder als Ausdruck gegen sich selbst gerichteter sadomasochistischer Tendenzen auffassen.[16]

Eine ursächliche Behandlung muß alles daransetzen, die eingetretene, chronifizierte Konfliktsituation zu beheben. Meist ist dies nicht möglich, ohne die Eltern in die Therapie einzubeziehen.

5. Selbstverletzendes und selbstzerstörerisches Verhalten in der Pubertät und Adoleszenz

Selbstzerstörerisches Verhalten in Form von Suizidversuchen nimmt in der Pubertät und Adoleszenz sprunghaft zu. Hierauf werde ich in einem eigenen Kapitel noch genauer eingehen. In der Pubertät und Adoleszenz treten aber auch zum ersten Mal die oben angeführten sogenannten „artifiziellen Störungen" auf. In der amerikanischen Psychiatrie spricht man von „facticious disorder". Daneben gibt es Verhaltensweisen von Jugendlichen, die sich durch Ritzen und Schneiden insbesondere an ihren Handgelenken zu schädigen versuchen, ohne daß sie in den allermeisten Fällen einen Suizidversuch vorhaben. Man hat im Amerikanischen vom sogenannten „wrist-cutting-syndrome" und dem „delicate-self-cutting-syndrome" oder dem „deliberate-self-harm-syndrome" gesprochen. Diese besonderen Formen selbstschädigenden Verhaltens im Jugendalter sollen nun näher beschrieben werden.

Der Oberbegriff *artifizielle Störungen/Krankheit* umfaßt die vier folgenden Gruppen: 1. artifizielle Krankheit im engeren Sinne, 2. das Münchhausen-Syndrom, 3. das Münchhausen-by-proxy-Syndrom (Münchhausen-Stellvertreter-Syndrom) bei Kindern und 4. das Münchhausen-by-proxy-Syndrom bei Erwachsenen.[17]

Die *artifizielle Krankheit* im engeren Sinne ist durch das Vortäuschen und Erfinden von Beschwerden, durch die künstliche Verschlimmerung eines bestehenden Krankheitszeichens sowie durch das künstliche Erzeugen von Symptomen gekennzeichnet, um auf diese Weise die Patientenrolle zu erlangen. Dabei geschieht das Vortäuschen, Verschlimmern und Erzeugen von Symptomen absichtlich, aber nur in dem Sinne, daß ein hohes Maß an intellektueller Urteilsfähigkeit und überlegter, zielgerichteter Aktivität benötigt wird, damit die Selbstmanipulation nicht entdeckt wird.[4] Von freiwilligen Handlungen kann jedoch nicht gesprochen werden. Die Handlungen haben vielmehr einen Zwangscharakter, so daß der Betroffene sein Tun selbst dann nicht unterlassen kann, wenn er sich damit Schaden zufügt. Bei der artifiziellen Störung erfolgt die Produktion der Symptome aus der inneren Notwendigkeit heraus, sich in die Patientenrolle begeben zu wollen, ohne daß äußere Vorteile wie ökonomischer Nutzen, bessere Behandlung, Flucht vor einer unerwünschten Sozialsituation für dieses Verhalten bestimmend wären. Damit sind also die Motive für dieses Handeln zunächst unklar: Der Gewinn aus der Krankenrolle ist nur einem interpretativen psychologischen Verstehen zugänglich. Angst, Lebensangst, Einsamkeit, Liebes- und Zuwendungsbedürfnis finden keinen angemessenen Ausdruck außer eben im krankhaften Wunsch nach Aufmerksamkeit und Zuwendung („Attention-seeking-behavior"). Ist das Handeln hingegen durch die Hoffnung, einen Vorteil zu erlangen, motiviert, spricht man nicht von artifizieller Krankheit, sondern von Simulation.

Das *Münchhausen-Syndrom* wurde 1951 von *Ascher* beschrieben. Er benannte es nach dem – durch die Erzählungen von *Rudolf Erich Raspe* (1734–1794) – berühmt gewordenen Geschichtenerzähler und Schwindler Karl-Friedrich Freiherr von Münchhausen. Zum Münchhausen-Syndrom gehören folgende Symptome: 1. das Erfinden, Verschlimmern und Erzeugen von Krankheitssymptomen aus einer inneren Notwendigkeit heraus, um die Krankenrolle und Hospitalisation zu erlangen, 2. das geschickte, tendenziell hochstaplerische Erzählen von erklärenden Geschichten mit falschen Namen und Biographien (*Pseudologia phantastica*) sowie 3. das Aufsuchen immer wieder neuer Behandlungseinrichtungen. Im Krankenhaus fordert der Betroffene ständige Beachtung und neigt dazu, die Behandlung abzubrechen (Behandlungswandern, Hospitalismus migrans, „Hospital-hopper").

Das *Münchhausen-by-proxy-Syndrom* (Münchhausen-Stellvertreter-Syndrom) bei Kindern wurde aufgrund der Feststellung eingeführt, daß in einigen Fällen die Krampfanfälle „epileptischer" Kinder von ihren Müttern erfunden oder künstlich manipuliert wurden. Es handelt sich also um ein Phänomen, bei dem Eltern bei ihren eigenen Kindern Krankheiten vortäuschen, künstlich verschlimmern oder gar erzeugen, um für die Kinder die Krankenrolle zu erreichen. Damit handelt es sich um eine besondere Form von Kindesmißhandlung. Etwa die Hälfte der für diese Handlungen verantwortlichen Mütter zeigten selbst Merkmale eines Münchhausen-Syndroms.[18]

Folgende Zeichen des Münchhausen-Stellvertreter-Syndroms wurden beschrieben:[19]
– Anhaltende oder wiederkehrende Krankheiten ohne identifizierbaren Grund
– Diskrepanz zwischen Krankengeschichte und klinischen Befunden
– Symptome und Zeichen, die bei einer Trennung von der Mutter nicht auftreten
– Ungewöhnliche Symptome, Zeichen oder Verläufe, die klinisch keinen Sinn ergeben
– Anhaltendes Therapieversagen ohne klaren Grund
– Ein im Vergleich zum Arzt weniger beunruhigter Elternteil, der das medizinische Personal tröstet
– Wiederholte Krankenhausaufenthalte und detaillierte medizinische Untersuchungen von Mutter und Kind ohne klare Diagnose
– Ein ständig am Bett des Kindes sitzender Elternteil, der das Personal übermäßig lobt, sich stark an das Personal bindet und an der Versorgung anderer Patienten beteiligt
– Ein Elternteil, der sogar schmerzhafte Untersuchungen für sein Kind begrüßt.

Das Charakteristische artifizieller Störungen besteht darin, daß bei ihnen die Tatsache, daß die Schädigung selbst herbeigeführt wurde, (bewußt oder unbewußt) im verborgenen gehalten wird. Hiervon abzugrenzen sind die sogenannten „offenen Selbstbeschädigungen", zu denen die Betreffenden sozusagen stehen, über die sie berichten können.

Der Umstand, daß gerade während der weiblichen Pubertät Suizidversuche besonders häufig sind, hat zu der Vorstellung geführt, Automutilation sei ein partieller Suizid: „Automutilation ist von denselben Motiven und Mechanismen bestimmt ..., die dem direkten Selbstmord zugrunde liegen, außer in bezug auf den Grad der Beteiligung des Todestriebes".[20] Solche auf begrenzte Teile des Körpers beschränkte Formen von Selbstzerstörung wurden als partieller oder fokaler Selbstmord bezeichnet. Der *fokale Suizid* wird verstanden als eine Art Übereinkunft zwischen den aggressiv-destruktiven Impulsen und dem Lebenswillen einer Person, wobei beide „Parteien" Zugeständnisse gemacht haben.

Der *partielle Suizid* in Form der Automutilation wäre dagegen eine Kompromißbildung, um die totale Vernichtung, d.h. die Selbsttötung, zu vermeiden. Eine andere Auffassung ist die, daß Automutilation auch von anderen Motiven und Mechanismen bestimmt sein kann als von denen, die dem Suizid zugrunde liegen.[21, 22] Sie geht davon aus, daß selbstverletzendes Verhalten – insbesondere das „wrist-cutting" – oft dazu dient, eine bedrohliche, unaushaltbare Situation wie Erlebnisse massiver Spannungssteigerung, der Leere und des Verlustes des Persönlichkeitsgefühls (Depersonalisation) zu überwinden und somit die Kontrolle über sich und die Realität wiederzuerlangen. In diesen Fällen wird Automutilation als Mittel gebraucht, um den Weg ins Leben zurückzufinden, und stellt demnach genau das Gegenteil von suizidalem Verhalten dar (man spricht in diesem Zusammenhang auch von Automutilation als Antisuizid[4]).

Die Nahrungsverweigerung mit ihren körperlichen Konsequenzen bei Magersucht-Patientinnen sowie die Folgen der Brechsucht bei Bulimie-Patientinnen (Eß-Brech-Sucht) können als chronisch selbstzerstörerisches Verhalten aufgefaßt werden. Beide Krankheiten können zu Gewebeschädigungen führen: im Falle der Magersucht zum Abbau von Skelettmuskulatur und zum Kalziumschwund in den Knochen, im Falle der Bulimie-Patientinnen zu chronischen Verätzungen der Speiseröhrenschleimhaut und in ihrer Folge zu einem chronischen Eisenmangel. Bei den Bulimikerinnen kann, wenn das Erbrechen mehrmals täglich erfolgt, aufgrund eines hierdurch resultierenden Kaliummangels ein plötzlicher Herzstillstand und damit der Tod eintreten.

II. Selbstverletzendes Verhalten im Jugendalter

1. Entwicklungsaufgaben und Psychodynamik Jugendlicher

Die Altersphase der Adoleszenz umfaßt die Zeit der Jugendlichen (14. bis 18. Lebensjahr) und der Heranwachsenden (18. bis 21. Lebensjahr). In ihr erfolgt die psychische Bewältigung der körperlichen und psychosozialen Reifung. Adoleszenz ist damit Ausdruck der Wechselwirkung im psychosozialen Interaktionsfeld und somit ein soziokulturelles Phänomen.[1] Unter psychodynamischen Aspekten entspricht einer äußeren Ablösungs- und Trennungsproblematik von den Eltern in der Pubertät eine innere Auseinandersetzung mit den verinnerlichten Elternbildern. Diese innerseelische Situation wurde als „symbolischer Kampf mit dem Drachen" umschrieben: Mutterüberwindung oder „Muttertötung" ist die eine Seite des Mythos vom Kampf des Helden mit dem Drachen.[2] Die andere ist der Vatermord bzw. die Kastration des Vaters. Damit entspricht die Entwicklungsphase eines Jugendlichen der „Nachtmeerfahrt" eines Helden. Die Pubertät wird zum eigentlichen Beginn der bewußt erlebten Individuation. Dabei erlebt sich der Jugendliche selbst als Rätsel, als Geheimnis. Er beginnt zu ahnen, daß er ein Wesen aus Unbewußtheit und Bewußtheit ist, eine Amalgierung aus Animalität und Vernunft, versinnbildlicht in dem Tier-Mensch-Wesen der Sphinx: Symbolisch ist der Kopf der Sphinx als menschliches Antlitz ein Zeichen der Bewußtheit, der Leib hingegen ein Bild für das Animalische. Im Mythos tritt das vermännlichte „Ich" des Helden dem Drachen des Unbewußten gegenüber, der heilige Georg wird zum Symbol des Jugendalters schlechthin. Wir könnten auch formulieren: In der Pubertät geht es vor allem um die Auseinandersetzung mit den „guten" und den „bösen" Aspekten der Mütterlichkeit, um den „verfolgenden" und um den „helfenden" Vater.

Die psychologische und psychosoziale Aufgabenstellung des Pubertierenden und Adoleszenten ist beträchtlich: Die Jugendlichen müssen

- eine gewisse Lösung (äußere und innere Trennung) vom Elternhaus erreichen
- nach einer bisexuellen Durchgangsphase zu einer psychosexuellen Identität finden
- ein persönliches Werte- und Moralsystem entwickeln
- tragende gleich- und gegengeschlechtliche Beziehungen aufbauen und vertiefen
- eine zunehmende Orientierung auf die Arbeitswelt hin leisten und
- eine gewisse Versöhnung in der Adoleszenz mit den Eltern erreichen.

Diesen Entwicklungsaufgaben in der Adoleszenz stehen Grundbedürfnisse und typische emotionale Reaktionsweisen gegenüber. Folgende Grundbedürfnisse bestehen bei Adoleszenten:[3]

1. *Physiologische Bedürfnisse:* Im Vordergrund steht das Bedürfnis nach körperlicher und sexueller Betätigung sowie der Wunsch nach allgemeiner Anerkennung der eigenen körperlichen Bedürfnisse.

2. *Sicherheitsbedürfnis:* Die durch die körperliche und seelische Reifung bedingten Veränderungen akzentuieren den Wunsch nach Sicherheit. Letztere wird weniger innerhalb der Familie, sondern eher in der Gruppe Gleichaltriger gesucht.

3. *Unabhängigkeitsbedürfnis:* Durch den Zuwachs an kognitiven Möglichkeiten, verbunden mit gesellschaftlichen Erwartungen im Hinblick auf Schulabschluß und Berufsausbildung in dieser Altersstufe, setzt ein Unabhängigkeitsdrang ein, der mit Widerstand gegen alles Herkömmliche und gegen Autoritäten einhergeht sowie mit der Tendenz, Normen, Regeln und Gewohnheiten in Frage zu stellen.

4. Gleichzeitig wächst das *Bedürfnis nach Zugehörigkeit und Zuneigung*, was u.a. ein Ergebnis der verstärkten Fähigkeit zur Introspektion ist. Das Streben nach Autonomie führt vielfach zu einer Isolierung des Jugendlichen, dies wiederum mobilisiert sein Bedürfnis nach Liebe und Zuneigung. Gefühle der Einsamkeit, des Nicht-verstanden-Werdens, machen sich in ihm breit.

5. Ein *Leistungsbedürfnis* und der *Wunsch, gebraucht zu werden*, etwas bewirken zu können, sind entweder offen oder verdeckt ein wesentlicher Zug des jungen Menschen.

6. Das *Bedürfnis nach Selbstverwirklichung als ein Element der Ich-Entwicklung* in der Adoleszenz ist in allen Kulturen anzutreffen. Diese Motivation geht in hohem Maße mit der Entwicklung eines günstigen, für die Ich-Entwicklung bedeutsamen Selbstkonzeptes einher (Selbst- und Identitätsbewußtsein, Geschlechtsrollenidentifikation u. a.).

Zusätzlich lassen sich typische emotionale Reaktionsmuster in der Adoleszenz ausmachen: Impulsivität (*Acting-out-Verhalten*) und emotionale Instabilität. Sie entstehen durch das gleichzeitige Wahrnehmen mehrerer Gefühle, die aber noch keine adäquaten Ausdrucksformen oder Bezugspunkte aufweisen. Jugendliche neigen zum Experimentieren, zum Ausprobieren, sind risikofreudig und wollen Grenz- und Tiefenerfahrungen, sogenannte „Peak-experiences", machen. Der Hang zum Ausprobieren, zum Erleben des Außergewöhnlichen, des Noch-nie-Dagewesenen kommt gelegentlich einer Selbstinitiation gleich, wie dies später anhand von Fallbeispielen (im Kapitel II., 3–5) noch dargestellt wird (diese besonderen Grundbedürfnisse und Erlebnisweisen Heranwachsender haben u. a. zur Folge, daß bestimmte Formen von „Erlebnisreligionen" für Jugendliche und Heranwachsende besonders attraktiv sind: Wenn Sekten und Psychokulte Körpererfahrung, Tanz und Meditation anbieten, wenn religiöse Erfahrung zum „Anfassen" des Gegenübers führt, dann ist dies besonders für Jugendliche attraktiv).[4]

Die oben aufgeführten Entwicklungsaufgaben der Jugendlichen spielen sich innerhalb einer Ablösungs- und Trennungsproblematik ab, die mit charakteristischen Trennungs- und Bindungsängsten verbunden ist. Die Bindung an die Eltern soll und muß eine andere Qualität bekommen, während die Bindung an die Gleichaltrigen als Vorstadium für die Bindung an einen Freund oder eine Freundin erst noch etabliert werden muß. In der Forschung werden vier bedeutsame Grundformen menschlicher Bindung unterschieden,[5] die in der Jugendzeit einem schnellen „Gestaltwandel" unterworfen sind:

1. die *personale Bindung* in Form der zwischenmenschlichen Beziehung,
2. die *Bindung an den eigenen Körper* als leibhafte Verankerung im sich neu formenden Körper-Ich,
3. die *Bindung an die persönliche Zeit, die individuelle Lebensgeschichte und den Lebensraum* und

4. die *Bindung durch verinnerlichte und soziale Ordnungsbezüge.*
Ich habe dies in Anlehnung an *Wilhelm Busch* das „intra- und extrapsychische, zweifache Double-bind der Pubertät" genannt.[6]
Die tragische Geschichte der vier Hühner der Witwe Bolte ist bekannt. Bezüglich der Jugendlichen-Problematik ist darauf hinzuweisen, daß der Ausgang der normativen Pubertätskrisen weniger tragisch ist, wenngleich häufig die Turbulenzen einen ähnlichen Schwierigkeitsgrad der „Verstrickung" erreichen. Mit diesem Bild von *Wilhelm Busch* soll die Doppelgesichtigkeit der Bindung, jeder Bindung, in Erinnerung gerufen werden, die dadurch gegeben ist, daß sowohl durch den Verlust von Bindung, d. h. durch Trennung, als auch durch die Bindung selbst Probleme entstehen. Bindungsangst, Bindungslosigkeit, mißlungene Bindungsversuche und unerfülltes Bindungsverlangen sind Erfahrungen, die bei Jugendlichen mit Selbstmordneigung einen hohen Stellenwert einnehmen.

Personale Bindung
(Eltern, Geschwister
Peer-group)

„extrapsychisch"

Bindung an persönliche
Lebensgeschichte und
Alter (Herkunft – Zukunft)

„intrapsychisch"

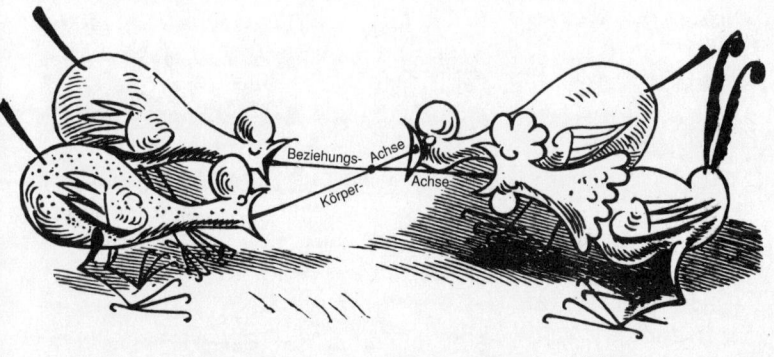

Bindung an den Körper,
körperliche Verankerung
(z. B. Sexualität, Oralität
usw.)

Bindung an verinnerlichte
Ge- und Verbote
(Gewissen)

Abb. 1: Intra- und extrapsychisches, „zweifaches Double-bind" der Pubertät
(in Anlehnung an Wilhelm Busch)

Im Bereich der personalen Bindung wird durch die Abbildung deutlich, daß die Peer-Gruppe für die Jugendlichen von besonderer Bedeutung ist. Im Bereich der Bindung an den Körper äußern sich die Probleme vor allem durch Eßstörungen (Anorexie, Bulimie) und in psychosexuellen Krisen. Die besonders intensiv erlebte Bindung an die persönliche Lebensgeschichte und das Alter lassen Lebens- und Familienschicksale anderer Personen besonders wichtig werden. Eine zu starke, unverarbeitete Bindung an verinnerlichte Ge- und Verbote kann sich psychopathologisch in Form von Zwangsneurosen, Phobien etc. äußern. Wird eine Bindung übermächtig oder zu schwach, ziehen die übrigen Bindungen in die entsprechende andere Richtung, gleichsam wie in einem Vektor-Diagramm.

Wenn im Ablösungsprozeß der Jugendlichen die familiären Beziehungen nicht mehr tragen, wenn die Familie durch eine Broken-home-Situation oder durch psychisch kranke Elternteile geschwächt ist, dann bekommt die Gruppe der gleichaltrigen Freunde, die eigene Clique, eine immer stärkere Bedeutung: Jugendgruppen (Peer-group) werden dann immer mehr zum natürlichen Identifikationsraum der Jugendlichen. Grundsätzlich dient die Peer-Gruppe dem Jugendlichen in seinem Ablösungsprozeß als Stütze. Wenn aber das Elternhaus mehr oder weniger ausfällt, kommt der Gleichaltrigen-Gruppe zusätzlich eine wichtige Elternersatzfunktion zu. Gerade bei drogenabhängigen Jugendlichen kann dies dann zum Verhängnis werden, wenn einzelne Gruppenmitglieder auch eine Vorbildfunktion in bezug auf suizidales Verhalten innehaben (Goldener Schuß). Ich will daher zunächst auf die enorme Bedeutung der Peer-Gruppe für die Jugendlichen eingehen, bevor ich die Entwicklungsprozesse beschreibe, die zu selbstzerstörerischem oder gar suizidalem Handeln führen.

Zu Beginn der Pubertät ist die Gleichaltrigen-Gruppe oft gleichgeschlechtlich und dient auch als Schutz vor einer vorschnellen und zu engen Bindung an gleichaltrige gegengeschlechtliche Jugendliche. Daneben spielt der Busenfreund oder die Busenfreundin als gleichgeschlechtliche intensive Partnerschaft psychologisch eine wichtige Rolle, um auf die spätere gegengeschlechtliche Bindungsfähigkeit vorzubereiten.

Auf seiner symbolischen „Nachtmeerfahrt", d.h. im Rahmen seiner innerpsychischen Auseinandersetzungen mit den verinnerlichten Elternbildern, benötigt der Jugendliche die Peer-Gruppe. Man könnte unter mythologischen Aspekten die Einbindung des Jugendlichen in die Gleichaltrigen-Gruppe als „Argonauten-Zug" beschreiben: Die Jugendlichen definieren sich mehr und mehr über ihr Eingebunden-Sein in solch eine Gleichaltrigen-Gruppe mit gleichem Gemeinschaftsschicksal, gleichen Zielen, auch wenn diese sehr vage sind (die Argonauten hatten unter ihrem Anführer Jason das gemeinsame Ziel, das goldene Vlies zurückzuholen).

Die Gruppe der Gleichaltrigen ist während des Jugendalters die Hauptquelle für den aus ihr abgeleiteten Status des einzelnen. Indem der Jugendliche sich Aufnahme in der Gruppe verschafft, sich Gruppeninteressen aber auch unterordnet und sich von der Billigung der Gruppe abhängig macht, gewinnt er einen Grad von innen her bestimmter Selbstachtung, der von seinen Leistungen oder seinem relativen Status in der Gruppe unabhängig ist. Dieses „Wir-Gefühl" verschafft ihm das Empfinden der Geborgenheit und der Zugehörigkeit; es ist eine wirksame Ich-Stütze und begründet die Loyalität gegenüber den Gruppennormen. Damit liefert die Gruppe der Altersgenossen ein neues Bezugssystem und beseitigt so die Desorientierung sowie das Gefühl, den Boden unter den Füßen verloren zu haben, zwei Phänomene, die damit einhergehen, daß der Jugendliche zusammen mit dem bio-sozialen Status der Kindheit auch das kindliche Bezugssystem aufgegeben hat. Indem der Jugendliche seine „primäre Treuepflicht" auf die Gruppe der Altersgenossen überträgt, Wertvorstellungen außerhalb des Elternhauses sucht, nähert er sich mit großen Schritten seiner Emanzipation. Günstigstenfalls findet er eine „neue Quelle grundlegender Sicherheit", die an die Stelle der Bindung an die Eltern tritt, die ihn bisher in kindlicher Abhängigkeit gefangenhielt.

Mit der Einbindung in die Gruppe ist der Jugendliche aber auch den Gruppenphänomenen ausgeliefert, so z.B. dem Zwang, Probleme in der Gruppe nach außen verlagern zu müssen, nach außen zu projizieren und eine gewisse Rangordnung der Gruppenmitglieder zu akzeptieren. Indem der Jugendliche seinen Altersgenossen die Autorität verleiht, Normen festzusetzen, bekräftigt er sein eigenes Recht auf Selbstbestimmung. Durch die emotionale Unterstützung, die er in der Gruppe seiner Altersgenossen erfährt, bekommt er Mut, die elterliche Herrschaft abzustreifen. Damit dient aber auch die Gruppe der Altersgenossen als „Bollwerk gegen die Autorität". Indem die Jugendlichen ihren gemeinsamen Widerstand gegen die Autoritäten einbringen und Barrieren gegenüber Autorität und Einmischung der Erwachsenen aufrichten, gelingt es ihnen, Erwachsene auszuschließen und sich vor den Zwangsmaßnahmen, zu denen jene neigen, zu schützen. Damit benützen die Jugendlichen die Gruppen der Altersgenossen auch als organisiertes Werkzeug, um die akzeptierten Normen der Erwachsenengesellschaft vollständig abzulehnen.

Demzufolge ist die Einbindung des Jugendlichen in die Peer-Gruppe grundsätzlich zu begrüßen. Sie stellt aber auch eine Gefahr dar, wenn die Gruppenausrichtung in ihrem Protest gegen die Erwachsenen z.B. nicht vor kriminellen Handlungen zurückschreckt. Die positive Seite der Peer-Orientierung liegt darin, daß in solchen informellen Gruppen, Freundeskreisen und Cliquen in ausgeprägter Form Kommunikation unter Gleichaltrigen möglich wird – ein Experimentierfeld für lockeres und unspezifisches Zusammensein, für Ausgeh- und Freizeitkultur. Jugendliche erhalten in solchen Gruppen zahlreiche Möglichkeiten, mit der eigenen Persönlichkeit und dem eigenen Lebensentwurf zu experimentieren und damit auch die Prozesse der Identitätsfindung zu bewältigen. Sie haben so die Möglichkeit, dies in der Gleichaltrigen-Gruppe in Eigenregie und in der Nutzung eigener Ressourcen zu tun und dabei auch verinnerlichte Zwänge in Frage zu stellen. Auch können in solchen Gruppierungen Solidarität, Gleichheit und gleichgewichtige, nicht hierarchische Beziehungen eingeübt werden. Dies darf aber nicht darüber hinwegtäuschen, daß auch erhebliche Gefährdungspotentiale für einzelne Gruppen von Jugendlichen entstehen können. Verwiesen sei auf Cliquen, bei denen kriminelle Handlungen zur Mutprobe gehören, Cliquen, die sich rechts- oder linksradikal gebärden, Gewalt ausüben und zu deren Mutproben es ferner gehört, daß sie sich extrem brutale Filme „cool" anschauen oder Gruppensex vornehmen müssen.

Häufig kann der Jugendpsychiater oder Familienberater im Hinblick auf die Trennungsproblematik und die Wichtigkeit der Peer-Gruppe für den einzelnen Jugendlichen folgendes feststellen: Je größer die Abhängigkeit vom Elternhaus in Form von inneren Bindungen ist oder war, desto größer und heftiger vollzieht sich die Absetzbewegung der Jugendlichen. Gelegentlich kommt es dann bei den Eltern, die sich in einer Ohnmachtssituation erleben, zu einer Verstoßungstendenz. Nachdem vorher von ihnen über eine relativ lange Phase eine großzügige „Laissez-faire-Haltung" eingenommen wurde, wird dann der oder die Jugendliche einer rigiden Verbotserziehung unterzogen.

Die Eltern sehen sich besonders dann schwierigen Reifekrisen ihrer Kinder gegenüber, wenn diese zu den sogenannten Früh- oder Spätentwicklern gehören. Man spricht auch von sogenannten „Risikopfaden" und „Sicherheitspfaden" beim Übergang von der Kindheit in die Adoleszenz. Frühentwickler sind diejenigen, die die Risikopfade begehen, und Spätentwickler solche, die die Sicherheitspfade einschlagen. Die *Frühentwickler* legen ein besonders schnelles Tempo vor, um erwachsen zu sein: Sie wollen Statussymbole der Erwachsenen (Rauchen, Alkoholkonsum, Unabhängigkeit von Ausgehbeschränkungen, ökonomische Ressourcen, Kontakte mit dem anderen Geschlecht) in einem Eilmarsch erreichen, während die *Spätentwickler* diesbezüglich eher zurückhaltend sind und sich sehr stark an die Eltern klammern. Besonders die Frühentwickler tendieren zur Cliquenbildung mit einem gemeinsamen Ziel: ihre Eigenständigkeit und Unabhängigkeit von den Autoritäten zu demonstrieren und unter Beweis zu stellen.

Die Spätentwickler kämpfen mit Bindungsängsten in bezug auf die Peer-Gruppe oder mit Trennungsängsten, was die Eltern angeht. Frühentwickler tendieren mit ihrem Verhalten zur Distanzierung von Schule und Elternhaus. Bei ihnen ist die Bildungsorientierung niedriger, kirchliche Aktivitäten sind weniger entfaltet. Es ist bekannt, daß eine Kirchen- und Kulturbindung am ehesten dazu führt, daß die Initiation in das Rauchen, den Alkoholkonsum, in frühzeitige Unabhängigkeit und frühzeitige gegengeschlechtliche Kontakte verzögert wird. Frühentwickler schätzen sich als sozial kompetent ein, und sie empfinden sich als sozial integrierter. Die Spätentwickler weisen hingegen eine größere Ich-Stärke auf. Frühentwickler haben das bessere Selbstkonzept hinsichtlich ihres Aussehens, Spätentwickler das größere politische Interesse. Früh- und Spätentwicklung können als unterschiedliche Persönlichkeitsentwicklungspfade angesehen werden, die nicht unbedingt zum Scheitern verurteilt sind, wenn sie gewisse Extreme nicht überschreiten.

In bezug auf das Suizidrisiko sind die Frühentwickler deswegen gefährdeter, weil sie sich bedingungsloser Cliquen ausliefern, die der Drogenszene nahestehen oder zu ihr gehören. Wenn eine negative Schulkarriere, gescheiterte Lehre, mangelnde Zukunftsperspektive, Drogenmißbrauch und der Bruch mit den Eltern zusammenkommen, ist eine gefährliche Mischung ungünstiger Faktoren gegeben, die immer dann zur Wendung gegen das eigene Selbst führt, wenn die Aggression nach außen im Augenblick nicht möglich ist.

Die sogenannten Spätentwickler mit übermäßiger Bindung an die Eltern, insbesondere an die Mutter, finden sich vornehmlich unter der Gruppe derjenigen Jugendlichen, die selbstverletzendes Verhalten zeigen, wie sie im Kapitel II.4 (Fallbeispiel „Franz") beschrieben werden.

2. Selbstverletzendes Verhalten Jugendlicher als Selbststigmatisierung?

Stigma – ein griechisches Wort – bedeutet „Mal", „Zeichen" oder „Wundmal". Bei den Griechen und Römern war es stets ein am Körper sichtbar vorhandenes Zeichen, das etwas über den schlechten oder ungewöhnlichen moralischen Zustand des Zeichenträgers aussagen sollte. Bei Sklaven und Verbrechern war dies ein aufgebranntes oder geschnittenes Mal. Solche Personen wurden für unrein erklärt, was zur Folge hatte, daß sie in der Öffentlichkeit gemieden wurden.

Mit den Begriffen „Stigma, Stigmatisierung" wird heute etwas Negatives, Krankhaftes, etwas Minderwertiges verbunden; sie stehen mehr für die Betroffenheit, die durch das Zeichen beim Gegenüber ausgelöst wird, und weniger für das direkte körperliche „Wundmal". Aus der Sicht der Sozialwissenschaften wurde Stigma als „the situation of the individual, who ist disqualified from full social acceptance" definiert.[7] Dies bedeutet, daß für den Stigmatisierten die sozialen Bindungen nicht mehr intakt sind und daß sich darüber hinaus die Person bewußt ist, wie abstoßend sie für andere ist. Gleichzeitig kann aber die Stigmatisierung auch zum Bekennen der eigenen Zugehörigkeit zu einer Gruppe ausgeschlossener und geächteter Menschen werden, wie dies z. B. durch die Tätowierungen bei Häftlingen heute noch der Fall ist. Neue Haftinsassen werden geradezu unter Gruppendruck dazu gezwungen, sich über das Stigma der Tätowierung als „Knacki" zu „outen".

Eine bewußt erlebte Diskriminierung durch die Umwelt wird auf diese Weise sozusagen unterhalten, d. h., der Umwelt wird dann die Schuld an der Stigmatisierung zugeschrieben. Das selbst beigebrachte Stigma bestätigt und erzwingt die bisherigen Vorstellungen von der Schuld der Umwelt im Sinne einer „Self-fullfilling Prophecy": In den Augen der anderen ist man ein Versager, ist „verrückt", nichts wert usw.

Wenn insbesondere pubertierende Mädchen in Form des „wrist-cutting" ihre Unterarme ritzen, schneiden und sich damit bleibende Narben setzen, könnte dies auch als paradoxe Selbststigmatisierung verstanden werden: Diese Mädchen bekennen sich zum Anderssein, schlüpfen in die Rolle chronisch Depressiver bzw. Suizidaler, wollen aber damit nicht nur ausgegrenzt und gemieden werden, sondern gleichzeitig auch besondere Zuwendung und Hilfe erfahren. Die Jugendlichen geben damit folgendes Signal: „Ich kann nicht akzeptieren und aushalten, daß man mich mißachtet, nicht versteht, mich als unnütz ansieht. Wenn ihr mir schon auf diese verächtliche Weise begegnet, dann sollt ihr auch bestätigt werden in eurem Glauben. Durch meine Stigmata (Narben) könnt ihr ja hoffentlich sehen, daß ich nicht ‚normal' bin. Verhaltet euch nur weiter so. Ein bißchen Hoffnung habe ich aber, wenn ich ehrlich bin, daß einer von euch merkt und sieht, daß ich etwas Besonderes bin, keine ‚08/15-Person'."

Die „Labeling theory of mental illness"[8] könnte eine solche Einstellung der „Wrist-Cutter" stützen, weist doch diese Theorie der Diskriminierung und Stigmatisierung durch die Umwelt die Schuld an der Krankheitsentstehung und Aufrechterhaltung eben dieser Umwelt zu.[9] Das heißt, daß das vom Jugendlichen sich selbst zugeführte körperliche Stigma, das auch als Selbsterniedrigung und Selbsthaß aufgefaßt werden kann, zu einem sekundären Krankheitsgewinn und zur Isolation führt. Dies hat zur Folge, daß ein fehlendes oder negatives Feedback mit dem Stigma in Verbindung gebracht wird und damit eigenes Schuldempfinden wieder abgewendet (verdrängt) und in die häufig abweisende Umwelt projiziert wird.

3. Selbstverletzendes Verhalten als Pubertätsritus?

Zur Unterstützung der von der Gemeinschaft sanktionierten Trennung von den Eltern finden sich in allen Kulturen weltweit sogenannte *Trennungsriten* oder *Pubertätsweihen*. Diese Initiationsriten bereiten als „Reife-Feiern" die Aufnahme der Knaben bzw. der Mädchen in die Gruppe der Erwachsenen vor. Dabei werden kulturell sanktionierte selbstschädigende Rituale vorgenommen: In der Zeit des „Übergangs" werden an den Täuflingen Beschneidungen, Einritzungen (*Inzisionen*) oder Aus- und Abschneidungen (*Exzisionen*) vorgenommen. Sie werden tätowiert durch kleine Stiche (tatauiert) oder durch künstlich erzeugte Ritzungen in die Haut (skarificiert), Zähne werden ausgeschlagen oder abgefeilt wie z. B. auf Bali anläßlich einer „Tooth-filing-Ceremony".

C. G. Jung sah das Hauptmotiv der Reife-Feiern in dem Gedanken der Wiedergeburt nach symbolischer Tötung. *Sigmund Freud* sah in der Auflehnung der Söhne gegen die Väter, deren Wurzel der Inzestwunsch sei, die Ursache der Knabenweihe. Daß die Pubertätsriten als Initiationsriten nicht immer mit der „physiologischen Pubertät" zusammenfallen, sondern daß es sozusagen auch eine „soziale Pubertät" gibt, ist uns aus unserem Kulturkreis bekannt: Die Kommunion findet normalerweise um das 10. Lebensjahr statt, also noch vor Beginn der geschlechtlichen Reife. Es wäre jedoch vermessen, Konfirmation und Kommunion als „Initiationsriten-Äquivalente" anzusehen. Diese Feiern sind zu sehr und fast ausschließlich auf einen religiösen Bezugspunkt ausgerichtet, ohne daß dem Sexuellen der Stellenwert zukommt, den er bei den Pubertätsweihen der Naturvölker einnimmt.

Die Verstümmelung ist das äußerlich sichtbare Zeichen einer dauerhaften Integration des „Verstümmelten" in die Gemeinschaft der Erwachsenen:[10] „Das Abschneiden der Vorhaut ist dem Ziehen eines Zahns (in Australien), dem Abschneiden der Spitze des kleinen Fingers (in Südafrika), dem Abschneiden oder der Perforation der Ohrmuschel oder der Nasenscheidewand ebenso äquivalent wie einer Tatauierung, einer Skarifizierung oder einem bestimmten Haarschnitt. Das verstümmelte Individuum wird von der großen Masse der Menschen durch eine Trennungsrite abgesondert, die ihn automatisch in eine bestimmte Gruppe integriert, und da die Operation Spuren hinterläßt, die nicht mehr zu beseitigen sind, ist auch die Integration dauerhaft."

Angesichts dieser „Fremdmutilationen", die bei den verschiedensten Trennungsriten vorgenommen werden, habe ich mich gefragt, ob nicht in den Selbstverletzungen von Heranwachsenden unseres Kulturkreises ähnliche Tendenzen der Trennung aufleuchten, die in ihrer Signalwirkung und Symbolsprache auf die bislang noch mehr oder weniger starke symbiotische Bindung an die Mutter aufmerksam machen und die sozusagen einer „Eigeninitiation" gleichkommen.[11] Andere Forscher haben zehn Jahre später darauf aufmerksam gemacht, daß die häufigste Form krankhafter Automutilation – das wiederholte Schneiden und Ritzen der Hautoberfläche – gewöhnlich ebenfalls in der frühen Pubertät (bei Mädchen typischerweise einige Monate nach Eintreten der ersten Menstruation) vorgenommen wird.[12]

Sowohl bei den Fremdmutilationen im Rahmen von Pubertätsriten als auch bei den Automutilationen von Jugendlichen handelt es sich um den Versuch, zwei Problemkreise zu lösen: 1. die Erlangung einer Unabhängigkeit von der Mutter, die nur durch eine äußerlich sichtbare Trennung erfolgen kann. Es wird – bildlich gesprochen – die soziale und psychologische Nabelschnur durchschnitten, und 2. einer daraus resultierenden sexuellen Eigenständigkeit, die aus der Gefahr des Inzestes herausführt: Ablösung vom primären Liebesobjekt (der Mutter) und Finden der eigenen sexuellen Identität.

Wenn die Pubertätsriten die Aufnahme in die Gruppe der Erwachsenen zur Zeit der Reife markieren sollen, so müssen wir uns, bezogen auf unsere Gesellschaft, fragen, welches denn die Kennzeichen des Erwachsenseins in unserer Kultur sind: Ist es die Zigarette, das Moped, das Motorrad oder erst das Auto? Ist es der Gesellenbrief oder das Abitur, oder ist es etwa erst der 18. bzw. der 21. Geburtstag, der auch juristisch die Rechte und Pflichten des Erwachsenseins markiert?

Teilt man den Übergang von der Kindheit bis zur vollen Integration in die Erwachsenenwelt in drei Phasen[10] – eine erste Trennungsphase (Trennung von der Mutter), eine zweite Phase des Übergangs und eine dritte Phase der Einfügung (in die Grup-

pe der Erwachsenen) –, so zieht sich die Initiation unserer Pubertierenden 10 bis 25 Jahre hin. Die erste Phase, die Trennung,
kommt nur langsam und schleppend in Gang, meist gegen den
Widerstand der Eltern. Eine rühmliche Ausnahme macht da das
„Welschjahr" der deutschsprachigen Schweizer Mädchen nach
dem Primarschulabschluß (mit 16 Jahren).

Die zweite Phase, die Marche (Übergang), ist in unserer Gesellschaft extrem verlängert, in ihr spielt sich die Jugendkultur, die
Gegenkultur, die Rebellion und die Alternativszene ab. Gerade in
unserem Jahrhundert ist in der westlichen Welt Jugend als Bewegung, als dritte Kraft zwischen Kindheit und Erwachsenenwelt, in
den verschiedensten Formen aufgetreten. Hierin besteht aber der
entscheidende Unterschied zwischen unserer Jugend und der Jugend in traditionellen Gesellschaften. Während durch das Zeichen
am Körper bei den Initiationsriten der Naturvölker die Integration in die Erwachsenenwelt deutlich wird, hierin allen unüberseh-
bar sichtbar gemacht, möchte der Jugendliche in unserer heutigen
modernen Gesellschaft, daß man am Körper und an seinem Äußeren seine Distanz gegenüber der Erwachsenenwelt ablesen kann.
In diesem Zusammenhang wurde auch von der „optischen Frech-
heit" gesprochen,[13] mit der die Inszenierung der jugendlichen Rebellion vorgenommen wird, ausgetragen mit bzw. an ihrem eigenen Körper und an ihrer Kleidung. Haartracht, Kleidung und
Körperausdruck, die eigenwillige Verwendung von Attributen
und Symbolen, ihre Veränderung und ihre Entfremdung suchen
verzweifelt einen stetig neuen Entwurf von Sprache, Gestik und
Erscheinung, um zu signalisieren: Wir, die Jugend, wollen anders
sein, anders leben; wir machen uns unsere Kultur selbst und setzen uns von der Erwachsenenwelt ab. Jugendliche in unserer Gesellschaft stehen geradezu unter Zugzwang, in einer Jugendkultur
leben zu müssen, in einer Art „Dauer-Workshop", in dem man
immer etwas Neues erbringen muß, um „in" zu sein.

Bedingt wird diese Situation unter anderem durch die große
Bedeutung der Visualität, durch die Vorherrschaft des Sehens
über die anderen Sinne. Berührungen beziehungsweise Hautkon-
takte sind wenig gefragt, die Scheu vor Berührung und vor dem
Anfassen ist keineswegs abgebaut. Der Trend heißt Selbstmodel-
lierung, Auffallen gegenüber der Erwachsenenwelt, sich absetzen,
sich abtrennen, ohne aus der Gruppe der Gleichgesinnten (Peer-

Gruppe) rauszufallen. Ziel ist es mitunter, vom individuellen Nobody zum auffällig uniformen Kleingruppen-Star emporzusteigen, dennoch möglichst in einem Gruppengefühl aufzugehen und gleichzeitig ganz anders und doch wiederum ganz wie die anderen zu sein.

Die dritte Phase der Integration kommt in unserer westlichen Gesellschaft bei der akademischen Jugend eigentlich erst dann zustande, wenn die finanzielle Unabhängigkeit erreicht ist, d.h. oft erst mit 25 bis 30 Jahren!

Bis in das 19. Jahrhundert war es bei uns noch selbstverständlich, daß der Heranwachsende z.B. als Handwerksgeselle auf die Wanderschaft (Walz) ging. Auf diese Weise verließ er das Elternhaus „legitim", d.h., es war Sitte und somit von der Gesellschaft sanktioniert, daß mit dem entsprechenden Alter eine „Abnabelung" vom Elternhaus erfolgte. Bei den heute immer länger dauernden Schulausbildungszeiten und Studiengängen verbleiben die Jugendlichen in einem die körperliche Reife mißachtenden langen Abhängigkeitsverhältnis vom elterlichen Heim. Es wird den Heranwachsenden ein verlängerter „Schonraum" angeboten, der die Gefahr mit sich bringt, daß die altersspezifischen und pubertätsbedingten Ablösungstendenzen nicht gefördert, sondern eher unterdrückt werden.

Insbesondere bei Jugendlichen, die zum Typus des Spätentwicklers und „Nesthockers" gehören, haben Automutilationstendenzen gelegentlich den Aspekt einer symbolischen Eigeninitiation, d.h., die Selbstverletzungen können als Versuch des Jugendlichen angesehen werden, die verlängerte und zu starke Bindung an die Mutter zu überwinden und einen latent ödipalen, inzestuösen Konflikt mit der Mutter zu lösen. Dies soll anhand von Fallbeispielen veranschaulicht werden.

4. Selbstverletzung als Selbstbefreiung?

Franz' „kalte Eltern" (Fallbeispiel 1): *

Franz (F., anonymisiert) war 16½ Jahre alt, als er wegen Wutanfällen und autoaggressiver Handlungen im Rahmen einer akuten Krisenintervention stationär aufgenommen werden mußte. In den letzten Wochen vor der Aufnahme hatte sich der Jugendliche wiederholt seine Haut im Bereich der oberen Extremitäten und vornehmlich im Bereich des Gesichtes zerschnitten. Besonders nachts war es (nach Angaben der Mutter) vorgekommen, daß er „blutüberströmt" die Mutter weckte, um ihr demonstrativ sein Gesicht zu zeigen. Der Vater hatte sich seit ca. einem Jahr in das Kellergeschoß zurückgezogen, um wenigstens nachts vor den Wutausbrüchen seines Sohnes Ruhe zu finden.

F. war das erste von zwei Kindern. Eine gesunde und unproblematische Schwester war 5 Jahre jünger, der Vater Geschäftsführer einer Firma, die Mutter hatte bis zur Heirat gearbeitet, dann nicht mehr. Während der Schwangerschaft kam es zu einer Hyperemmesis gravidarum (vermehrtem Erbrechen). Die Geburt erfolgte drei Wochen vor dem errechneten Termin, ausgelöst durch einen Stromschlag. Zwar sei es bei der Geburt zu einer Nabelschnurumschlingung gekommen, das Neugeborene sei jedoch nicht blau gewesen und habe gleich geschrien. F. war schon als Säugling ein „Schreikind": Durch die nächtliche Unruhe hatte er auch als Kleinkind die ganze Familie belastet. Der Vater hatte sich erst nach der Geburt der Tochter um den Sohn gekümmert. Schon als Kleinkind hatte F. andere Kinder abgelehnt, hatte mit ihnen „nichts anfangen können".

Zunächst war F. gerne in den Kindergarten gegangen, bald stellten sich jedoch wegen seiner motorischen Ungeschicklichkeit Mißerfolge im Vergleich zu anderen Kindern ein, und zuletzt weigerte er sich, den Kindergarten weiterhin zu besu-

---

* Die folgenden beiden Krankengeschichten wurden von mir zum ersten Mal 1979 beschrieben.[11]

chen. Die ersten vier Jahre in der Grundschule waren hingegen unproblematisch. In der 1. Klasse des Gymnasiums hatten die Leistungen jedoch nachgelassen. Nach der 2. Klasse mußte er wegen massiven Leistungsversagens in die Grundschule zurückgestuft werden. Darauf verweigerte er den Schulbesuch, F. wurde in die Realschule umgeschult, deren 7. Klasse er wiederholen mußte. Auch hier kam es dann erneut zur Schulverweigerung, weshalb er als Lehrling in den vom Vater geleiteten Betrieb eintrat. Nach wenigen Wochen verweigerte F. auch den Besuch der Berufsschule, worauf auf Drängen der Eltern eine ambulante psychotherapeutische Behandlung eingeleitet wurde.

Bereits im Alter von 13½ Jahren kam es zu einer schwierigen Situation während eines Erholungsaufenthaltes in einem Kinderheim an der Nordsee: F. habe Heimweh bekommen, sei nachts in die Dünen gelaufen, wo er sich versteckt habe. Der Junge sei stundenlang gesucht worden und habe dann Suizidgedanken geäußert. Vom Heimleiter wurde er dann per Flugzeug nach Hause gebracht.

Seit längerer Zeit lebten die Eltern in einer Ehekrise. F. wußte, daß der Vater sich wegen einer anderen Frau eigentlich von der Mutter trennen wollte. Die Mutter hatte von den Absichten ihres Ehemannes und von der Tatsache, daß der Sohn eingeweiht war, keinerlei Ahnung. In den Ferien vor der stationären Aufnahme, als die Mutter mit der Tochter alleine verreist war, kam F. mit der Freundin des Vaters zusammen.

Im therapeutischen Gespräch gab F. an, er komme mit dem Vater besser aus. Es rege ihn auf, daß die Mutter „ganz kaltbleibe". Wenn sie ihn aber ausschimpfe, dann könne er sie richtig hassen. Die Schwester hingegen könne er nicht leiden, da diese von der Mutter arg umsorgt werde. Er beklagte sich mehrfach, die Mutter verhalte sich so, als ob ihr nichts nahegänge. Auch gebe es nie Krach zwischen den Eltern, außerdem würden die Eltern kaum miteinander reden, nur über ihn, den Sohn, bzw. durch ihn. F. erinnerte sich an eine Autofahrt, als die Mutter dem Vater eine Frage gestellt hatte und er, F., dann hatte antworten müssen, da der Vater nichts habe sagen wollen.

Der Junge machte beim ersten Gespräch einen sehr beherrschten, insgesamt unauffälligen Eindruck. Eine Stunde, nachdem seine Eltern nach der Aufnahme zur Krisenintervention die Station verlassen hatten, verließ auch F. die Station und wanderte zu Fuß in die 12 km entfernte Heimatstadt.

Franz war also neben seiner eigenen Trennungsproblematik vom Elternhaus zusätzlich mit der drohenden Trennung der Eltern konfrontiert. Er versuchte, Bindeglied zwischen den Eltern zu sein, und bot sich der Mutter als Ersatz-Gesprächspartner an. Andererseits war Franz ein mit dem Vater besonders Verbündeter, da er um dessen Freundin wußte, dies aber nicht der Mutter sagen durfte, weil der Vater und damit auch Franz befürchteten, die Mutter könne dann einen Suizid begehen.

Unter tiefenpsychologischen Gesichtspunkten lag damit eine inzestuöse bzw. ödipale Konfliktsituation vor, ohne daß damit das Vorzeigen des eigenen blutüberströmten Gesichtes der Mutter gegenüber nachts im elterlichen Schlafzimmer, das der Vater freiwillig „geräumt" hatte, in seiner ganzen Symbolik ausgedeutet wäre. Neben dem Problemkreis „Trennung vom Elternhaus" stellte sich bei Franz auch die sexuelle Problematik in Form des fließenden Blutes symbolisch dar. Er wollte, daß die Mutter angesichts des fließenden Blutes „nicht kaltbleibt", wollte sich „gleichzeitig" mit seiner Selbstverletzung von der Mutter trennen und ihr zugleich doch nahe sein. Blut, als Symbol des Sexuellen (Menstruation), als Ausdruck eines Geopferten und auch eines Neugeborenen, wird zu einem faszinierenden Stoff und von dem Betroffenen keineswegs als bedrohlich erlebt. Im Gegenteil, erst wenn Blut fließt, scheint sich eine magische Wirkung auf den Betreffenden zu entfalten. Es ist zu vermuten, daß Franz' Inzestphantasien durch seine Selbstverletzungen unmöglich gemacht werden sollten, daß die Mutter den Sohn nicht lieben, sondern von sich weisen sollte, da beim nicht vorhandenen (sondern im Keller befindlichen) Vater Mutter und Sohn „zu dicht" im Ehekonflikt der Eltern miteinander verbunden waren.

Durch die äußere Trennung von der engen Mutterbindung in Form des stationären jugendpsychiatrischen Aufenthalts und durch eine kombinierte Gesprächs-(Einzel-)Therapie und Familientherapie ließ sich ein innerer Ablösungsprozeß in Gang bringen, der dazu führte, daß verinnerlichte, noch kindliche Muttervorstellungen mehr und mehr an Bedeutung verloren. Franz konnte die notwendigen Reifungsschritte in eine mehr altersadäquate Selbständigkeit nachholen.

Wolfgangs „Schuld" (Fallbeispiel 2):

Der 18½jährige Wolfgang (W., anonymisiert) war in den letzten drei Jahren schon viermal in stationärer psychiatrischer Behandlung, da er sich selbst schwere Verletzungen zufügte. Auf eigenen Wunsch wurde er jugendpsychiatrisch aufgenommen, da er es ablehnte, auf einer Erwachsenenstation behandelt zu werden.

W. war der Älteste von drei Geschwistern: Die beiden Schwestern waren 17 und 14 Jahre alt. Schwangerschaft, Geburt, Säuglings- und Kleinkindesentwicklung seien unauffällig verlaufen. Die Eltern berichteten, es sei ihnen aufgefallen, daß ihr Sohn keine „richtigen" Flegeljahre durchgemacht habe; er sei bis zum Auftreten der ersten Krankheitssymptome im Alter von 15 Jahren „ein braver und folgsamer Bub" gewesen. Allerdings habe man W. mit 12 Jahren wegen vorübergehender tic-artiger Bewegungsstörungen (Achselzukken, Augenverdrehen, ruckartiges Stöhnen) einem Nervenarzt vorgestellt.

Der mehr gefühlsbetonte, weiche und zurückhaltende Vater war von Beruf Handwerker und führte mit seinem Bruder einen Betrieb. In Kontrast hierzu war W.s Mutter ausgesprochen dominierend, resolut und bestimmend auftretend. Beide Elternteile bezeichneten sich als sehr religiös.

Nach dem Hauptschulabschluß mit 15 Jahren bei durchschnittlichen Schulleistungen – damals stand schon fest, daß W. auf Drängen des Vaters bei ihm eine Lehre beginnen würde – wurde W. zum ersten Mal massiv auffällig: Er war mit einem Schulfreund zum Zelten gefahren und schickte eine Karte mit folgendem Text nach Hause: „Mir geht's nicht gut, ich habe immer das Gefühl, ich muß eine Nadel schlucken." Der Zelturlaub habe vorzeitig abgebrochen und zu Hause hätten alle spitzen Gegenstände vorsorglich entfernt werden müssen, da W. versucht habe, sich diese in die Haut und vornehmlich in den Hals zu stechen. Einmal habe er sich eine

Gabel in den Rachen hinuntergestoßen. Für sein Verhalten habe er keine Erklärung geben können.

Schon in den ersten Tagen nach dem Beginn der Berufsschule hatte W. zu Hause angerufen und darum gebeten, die Eltern sollten ihn holen, da er sich mit Stemmeisen und Spitzbohrer am Hals und an den Armen „ritzen" müsse. W. mußte daraufhin in eine psychiatrische Abteilung eingewiesen werden, wo er Korken, Deckel von Bierflaschen usw. verschluckte. Auch schob er sich kleine Kieselsteine in beide Nasengänge und Ohren. Nach mehrwöchiger Behandlung mit Psychopharmaka konnte er symptomfrei entlassen werden.

Zwei Wochen später trat eine Sehverschlechterung an beiden Augen auf, die zunächst zu einer Brillenverschreibung führte. Wenige Wochen später, im Alter von 17 Jahren, habe er sich zum ersten Mal in die Augen gefaßt und auf die Augäpfel geschlagen. Er habe damals während eines Ferienaufenthaltes in den Bergen wieder mit der jüngsten Schwester in einem Raum schlafen müssen, nachdem er zu Hause seit mehreren Jahren sein eigenes Zimmer gehabt hatte.

Mit 18 Jahren mußte seine Bauchhöhle eröffnet werden, da W. auf der Toilette einen 15 cm langen Bleistift verschluckt hatte und dieser im oberen Zwölffingerdarm festsaß. Wenige Tage nach der erfolgreichen Operation faßte sich der Jugendliche vermehrt in die Augen, was zur Folge hatte, daß ihn die Mutter sechs Monate lang täglich zum Augenarzt begleitete und von morgens bis abends nicht mehr aus den Augen ließ. Lediglich zum WC habe er noch alleine gehen dürfen. Trotzdem sei es, so die Mutter, zu „brutalem Augenschlagen" gekommen.

Während des stationären Aufenthaltes in der jugendpsychiatrischen Abteilung kam es bei W. entweder zum zwanghaften Augenschlagen, das in Situationen emotionaler Spannung deutlich vermehrt auftrat, oder er schob seinen Daumen tief in den Rachen und führte ruckartige oder kreisende Bewegungen mit dem Finger aus. Dabei kam es des öfteren zum Auslösen des Würgreflexes und zu einer Verletzung der Rachenhinterwand: Der Daumen war dann blutig verschmiert.

In den therapeutischen Einzelgesprächen berichtete W. von exzessiven Onanie-Wünschen und -Handlungen, die er selbst als schuldhaft erlebte. W. war noch nicht aufgeklärt! Wichtig für die Behandlung war, daß der Vater dem Sohn jegliche Männlichkeit abgesprochen hatte und die Befürchtung äußerte, der Junge könne wohl noch keine sexuelle Entwicklung durchgemacht haben. Er erkundigte sich bei mir, ob es wohl möglich sei, daß der Herr Doktor den Sohn „durch die Blume" frage, ob er bereits einen Samenerguß gehabt habe.

W. berichtete mir von einem Traum, in dem er mit einer Schere geblendet wurde. Ob die Blendung durch seine eigene Hand oder durch eine andere Person erfolgt war, wußte er nicht zu sagen. Er erinnerte sich in diesem Zusammenhang an Simson und Delila, eine biblische Legende, die ihm sein Vater im Alter von ca. 8 Jahren vorgelesen hatte: In seiner Erinnerung hatte Delila Simson geblendet. In dem biblischen Text (*Richter*, Kapitel 13–16) schneidet Delila Simson das Haupthaar ab, wodurch er seine Macht verliert. Simson wird anschließend von den Philistern geblendet.

Für die ersten Wochenendbeurlaubungen nach Hause nahm sich W. jedesmal ein oder zwei Jugendliche „zur Verstärkung" mit. Nach fünf Monaten stationärer Behandlung (Einzel- und Familientherapie, medikamentöser und Körper-Therapie) konnte W. bei deutlich reduzierter Autoaggressionsneigung nach Hause entlassen werden.

Nachdem er in der anschließenden ambulanten Psychotherapie (eine Stunde pro Woche) Inzestwünsche gegenüber der jüngsten Schwester äußern konnte, verschwand das zwanghafte, ruckartige Hinunterstoßen des Daumens in den Rachen, das ihn selbst an eine Fellatio erinnerte. Nach zehn Wochen ambulanter Behandlung setzte W. seine Lehre fort und nahm sogar an einem Tanzkurs teil.

Auch für W. war das Erleben des fließenden Blutes (blutverschmierter Daumen) offenbar etwas Faszinierendes. Er hatte angegeben, daß er immer erst dann, wenn nach dem Hinunterstoßen des Daumens in den Rachen die Fingerkuppe rot gewesen sei, davon habe ablassen können. Ferner berichtete Wolfgang, er habe, wenn er bei seinen Manipulationen einen leichten Schmerz verspürte, erst recht immer weitermachen müssen, „weil es plötzlich schön war", wobei er seine Handlungen mit immer größerer Intensität durchführte. Unter anatomischen Gesichtspunkten fiel dabei auf, daß alle Körperteile, die unmittelbar von den Selbstverletzungen betroffen waren, nämlich Rachen, Auge, Nase und äußerer Gehörgang, u.a. auch von den vegetativen Nervenfasern versorgt werden, die auch die Erektion bewirken. Damit könnte auch erklärt werden, warum bei W. gerade diese Organe (suchtartig) stimuliert wurden. Seine selbstverletzenden Aktionen könnten somit als Masturbationsersatz gedeutet werden.

In einer großen, zusammenfassenden Arbeit über das Phänomen der Selbstblendung wurde darauf hingewiesen, daß es sich in der Mehrzahl der Selbstblendungsfälle um Selbstbestrafungen wegen Versündigungsideen handelt.[14] Die Blendung wie auch die Selbstblendung als Strafe für sexuelle Verbotsüberschreitungen, insbesondere für die Durchsetzung des Mutterinzestes gegen den Willen des Vaters, finden sich in den Mythen der verschiedensten Völker.[15] Dabei tritt das Auge nicht selten als symbolische Darstellung des Genitals auf.

Es stellt sich die Frage, inwieweit auch Wolfgang sich mit seinen Selbstverletzungen bestrafen wollte, da er erhebliche Inzestphantasien gegenüber seiner Schwester hegte. An die „Schuldfrage" schließt sich auch die Idee des Schmerzopfers an: Ethnologisch ist bekannt, daß bei Naturvölkern – im Sinne des Schmerzopfers – Selbstverstümmelungen z. B. nach dem Tode von Verwandten erfolgen. Einige Forscher versuchten, diese Selbstverstümmelungen stammesgeschichtlich zu erklären, wonach allen tierischen Selbstverstümmelungen die Opferung der „Pars pro toto" gemeinsam sei.[16] Selbstverletzungen seien danach Ausdruck einer auf zahlreichen Stufen der stammesgeschichtlichen Entwicklung (Phylogenese) zu findenden Fähigkeit tierischer (und menschlicher) Lebewesen, Teile der körperlichen Existenz zu opfern, um das verbleibende Ganze zu retten. In Gefangenschaft gehaltene Flecken- und Streifenhyänen beispielsweise zerbeißen sich während der Brunstzeit, wahrscheinlich in Ermangelung des anderen Geschlechts, die Gliedmaßen und fügen sich größere Verletzungen am Bauch zu, was wiederum auf die sexuelle Komponente dieser Handlungen hinweisen könnte.

Die hier geschilderten Fallbeispiele von Franz und Wolfgang geben einen Hinweis darauf, wie das in diesem Zusammenhang nicht verstehbare selbstverletzende Verhalten vielleicht doch noch erklärt werden könnte: So ist zu fragen, ob die Selbstverstümmelung in der Adoleszenz nicht vielleicht einer Autoinitiation gleichkommt, die den Pubertäts- und Trennungsriten der Naturvölker entspricht. Manche Forscher heben hervor, daß ein wesentlicher Aspekt der Initiation religiös-emotionaler Art ist.[17] Man zelebriert das Geheimnis der Geschlechtsreife und integriert es in das religiöse Weltbild. Für die Menschen der Naturvölker sind die Pubertät und die Reife nicht ein sich automatisch vollziehender Vorgang, sondern ein Ereignis, das ohne die rituelle Weihe nicht vollkommen wäre, ja ohne sie nicht eintreten würde. Während der Reifezeremonien „sterben" die Initianten in symbolischer Weise und werden ebenso symbolisch wiedergeboren. Daher gelten in vielen Kulturkreisen die Novizen vieler religiöser Gemeinschaften als tot, und ihren Müttern, die in vielen Gesellschaften nicht in die religiösen Geheimlehren eingeweiht sind, wird offiziell mitgeteilt, ihre Söhne seien gestorben.

Auch unter diesem Aspekt des „Beinahe-Sterbens" ließe sich also selbstverletzendes Verhalten in der Pubertät als Initiationsäquivalent bei einer zu engen Beziehung des Jugendlichen zur Mutter verstehen.

5. Selbstverletzendes Verhalten als Kompromißbildung?

„König" Elke (Fallbeispiel 3):

> Die 17½jährige Elke (anonymisiert) litt an einer Zwangserkrankung in Kombination mit depressiven, autoaggressiven Verhaltensweisen seit ihrem 12. Lebensjahr (kurz nach Beginn ihrer ersten Periodenblutung). Zum deutlich jüngeren Bruder bestand eine ausgeprägte Rivalität, die gelegentlich Todeswünsche einschloß.
>
> Die zwangsneurotische Entwicklung, der angstneurotische Symptome vorangingen, stellte sich zu jenem Zeitpunkt ein, als die Patientin von der Realschule auf das Gymnasium überwechselte und große Sorgen entwickelte, ob sie dort wohl mitkommen würde. Vor diesem Schulwechsel wollte die Familie einen Ferienaufenthalt im Ausland verbringen, und dazu war eine Schiffsreise notwendig. Elke entwickelte akute Ängste, das Schiff könnte untergehen, und reagierte psychosomatisch mit Bauchschmerzen und Durchfall; eine Symptomatik, die wochenlang anhielt und dazu führte, daß

sie bereits nach dem ersten Tag des Gymnasialbesuches krankgeschrieben wurde und mehrere Monate die Schule nicht besuchen konnte (Entwicklung einer sogenannten „Schulphobie"). Es erfolgte dann eine ambulante psychotherapeutische Behandlung über zwei Jahre, an deren Ende der Therapeut mitteilte, er könne der Patientin nicht mehr weiterhelfen; nun müsse bei der Patientin, die vorübergehend eine Pubertätsmagersucht entwickelt hatte, eine stationäre Therapie erwogen werden.

Mit dieser Vorgeschichte wurde die Patientin mir vorgestellt. Elke war, was ihr Gewicht betraf, außerhalb der „ärztlichen Interventionsgrenze". Sie hatte sich zunehmend isoliert, im Gegensatz zu früher bestanden keinerlei Kontakte mehr zu Schulkameradinnen (Entwicklung einer sozialen Phobie mit Rückzugsverhalten). Hingegen hatte sie ihre Stofftiere als „Übergangsobjekte" reaktiviert, indem sie mit ihnen sprach: Es handelte sich dabei um eine ganze Stofftier-Familie, die sie abends mit ins Bett nahm. Mit dem „obersten" Tier sprach sie jeden Abend im Dialog, erzählte dem Tier gleichsam wie einer Klagemauer all ihre Nöte. Daneben stellte sie sich selbst in ihrer Phantasie als *König Elke* vor (nicht als Königin!). Dieser König schien unbesiegbar, bestand in der Phantasiewelt Abenteuer, war berühmt und „in aller Munde".

Wiederholt teilte Elke in der ambulanten Sitzung mit, sie habe eine Wut auf die Mutter – diese hatte eine Krebs- und Aidsphobie, konnte außer Haus nicht auf fremde Toiletten gehen, weil sie befürchtete, sich eine Geschlechtskrankheit zu holen – und auf den Bruder, der alles dürfe und der sie hänsele. Elke entwickelte zwanghafte Ängste: Sie könne, wenn sie an die Tapeten ihres Zimmers fasse und dabei jene Stellen berühre, die vom Handwerker angefaßt worden seien, der ja dumm sei, auch dumm werden: Die Dummheit des Handwerkers könne womöglich auf sie übergehen. Sie wisse genau, daß diese Vorstellung eigentlich verrückt sei, könne aber trotzdem nichts dagegen unternehmen. Schließlich teilte die Jugendliche dem Therapeuten mit, sie könne Haare an den Unterschenkeln und im Genitalbereich nicht dulden, müsse sie ausreißen. Um dies nicht zu tun, müsse sie sich beißen (meist in den Oberarm); um dem erstaunten Therapeuten dies zu beweisen, zeigte sie die Bißwunden, die sie sich an ihrem Oberarm zugefügt hatte.

Elke befand sich wiederholt in einem so kritischen psychischen Zustand, daß mit ihr und den Eltern eine stationäre Aufnahme überlegt werden mußte. Stets drohte sie, sie würde eine solche Maßnahme sofort mit einem Selbstmord „quittieren", was dazu führte, daß die Eltern von einer erzwungenen stationären Aufnahme Abstand nahmen. Elke lehnte jede medikamentöse Behandlung strikt ab.

Einen geplanten einwöchigen Aufenthalt im Ausland brach Elke nach einem Tag wieder ab, da sie es dort nicht aushielt. Diesen frühzeitigen Abbruch erlebte Elke als Versagen und entwickelte zunehmend Selbstmordphantasien, lehnte aber eine stationäre Aufnahme erneut brüsk ab.

Da Elke in dieser Phase wie erstarrt und eingemauert wirkte, wurde sie zur Teilnahme an einem Phantasiespiel aufgefordert: Der Therapeut merkte an, daß in jedem Menschen Möglichkeiten und Wege einer Weiterentwicklung angelegt seien, auch wenn die Wege hierzu im Moment verschüttet erschienen. Manchmal würden wir in Form von Träumen oder Tagträumen in bildhafter Form etwas von diesen neuen Möglichkeiten erfahren, sehen oder erahnen dürfen. In Träumen würden sich oft sonderbare und verrückte Verbindungen herstellen, mit denen man häufig nichts „anfange". Gelegentlich sei aber interessant, was dem Träumer hierzu „einfalle". Über diese Einfälle (zu diesen „Verrücktheiten") nachzudenken sei gelegentlich spannend und lohnend. So, wie im Traumzustand die Phantasie mit einem spielerisch umgehe, könne man auch im Wachzustand seinen Gedanken freien Lauf lassen und zu Gedankenverbindungen kommen, die komisch oder verrückt erschienen oder zunächst keinen Sinn machten. Um solch ein Gedankenspiel mit verrückten Gedanken zu machen, sei es notwendig, das Problem, das man habe, mit einem Schlagwort zu umschreiben.

Elke war zum Mitmachen eines solchen Phantasiespiels sofort bereit, formulierte ihr Problem mit dem Schlagwort „Verlassenheitsangst".

Sie wurden nun aufgefordert, dieses Wort senkrecht, Buchstabe für Buchstabe, untereinander zu schreiben und in der

Waagerechten sich spontan zu jedem Buchstaben ein Wort einfallen zu lassen, um dann aus allen Worten einen langen Schachtelsatz zu formulieren, der dann wohl keinen Sinn ergeben würde.

Ohne Zögern fielen Elke folgende Wörter zu den einzelnen Buchstaben ihrer „Verlassenheitsangst" ein: Verloren, Error, Rüge, Lüge, Angst, Strenge, Streß, Enten, Neid, Haß, Eile, Instinkt, Trieb, Sucht, Ärger, Nutte, Geist, Streit und Tunichtgut. Geradezu fasziniert von diesem Spiel schrieb sie einen 1½ Seiten langen Schachtelsatz mit folgendem Wortlaut:

„*Verloren in der Einsamkeit ist man nicht definiert, was einem mit Error zum Bewußtsein kommt, wobei es dafür oft eine Rüge gibt, die eine Lüge ist und die Angst macht, daß bei aller Strenge das Ganze in Streß ausartet, der einen selbst, wenn man Tiere, wie z. B. Enten, beobachtet, um an ihnen tierische Verhaltensweisen zu studieren, den Neid nicht vergessen läßt und einen nicht aus dem Sumpf des Erstickens vor lauter Haß errettet, der einen in einer gewissen Eile immer in das nächste Gefängnis der Einsamkeit treibt, so daß man nur von dem Instinkt wie bei einem wilden Tier geleitet wird, wobei dies oft niedere Triebe sind, die einem die Suche nach dem Leben nicht erleichtern, sondern oftmals noch verbauen, was nur Ärger bringt und wodurch man auf diesem Weg oftmals noch mit wüsten Ausdrücken, wie z. B. Nutte, beschimpft wird, die einen ohnmächtig machen und verletzen, so daß der Geist, den es nach Wissen und Erkenntnis dürstet, sich einschließt in Einsamkeit, was in der Regel zu einem inneren bzw. äußeren Streß führt, der oftmals dazu führt, daß man sich für einen Tunichtgut und Versager hält oder von Menschen, die in diese Welt keinen Einblick haben, dafür gehalten wird.*"

Vieles, was Elke dem Therapeuten bereits in der Therapie mitgeteilt hatte, ließ sie auch in ihre Geschichte einfließen: den Neid und Haß, mit dem sie zu kämpfen hatte, ihr Rückzugsverhalten sowie ihr Gefühl des Versagens. Darüber hinaus konnte sie im Text und im Gespräch mit dem Therapeuten hierüber Verknüpfungen herstellen, die sehr aufschlußreich waren: In ihrer Einsamkeit, die sie wie ein Gefängnis erlebte, empfand sie sich wie von einem Instinkt geleitet, verband dies mit „wildem Tier" und

„niederen Trieben". Offenbar stand sie in einem Kampf zwischen einem intellektuellen Teil ihrer selbst, der um Wissen und Erkenntnis rang, und andererseits triebhaften Regungen, die sie verdrängte, abspaltete und in das Reich des Bösen verbannte.

Elke war im Anschluß an dieses Phantasiespiel in der Lage, zum ersten Mal davon zu berichten, daß sie sich nicht nur gelegentlich die Schamhaare ausriß und in den Arm biß, sondern daß sie sich davor ekelte, ihren Körper unterhalb des Nabels im analen und genitalen Bereich anzufassen, zu betasten oder zu pflegen.

Bei dieser Patientin war das Haareausreißen im Schambereich eine „Kompromißbildung": Den Genitalbereich anzufassen hatte sie selbst mit einem Tabu belegt (die Aidsangst der Mutter dürfte sie tabuisierend verinnerlicht haben), andererseits hatte sie sexuelle Empfindungen und wollte sehr wohl ihren Körper betasten. Die Selbstverletzungen in Form des schmerzhaften Ausreißens der Schamhaare vereinigten beide Strebungen. Sie gab damit einerseits ihrem Wunsch nach Berührung nach, bestrafte sich andererseits aber gleichzeitig durch die Zufügung von Schmerz.[18]

Bei Elke war eine ambulante Langzeitpsychotherapie erforderlich, die zu einer gewissen Stabilisierung ihrer Gesamtsituation führte, wobei phobisch-ängstliche und zwanghafte Tendenzen weiterbestanden.

6. Selbstverletzendes Verhalten bei einer Patientin mit Münchhausen-Syndrom

Ulrikes „Einsamkeit" (Fallbeispiel 4):

Im folgenden sollen die Fallgeschichte und Therapie einer Jugendlichen dargestellt werden, die über mehrere Monate in drei verschiedenen chirurgischen Kliniken behandelt worden war, bis die Diagnose *Münchhausen-Syndrom* gestellt werden konnte und sie in eine stationäre jugendpsychiatrische Therapie kam.

Ulrike war ein Einzelkind, kam als Frühgeborenes erheblich untergewichtig zur Welt, mußte mehrere Wochen in einen Brutkasten und dann noch für ein weiteres Vierteljahr in ein Wärmebettchen. Der Vater war von seiner Frau lange Zeit enttäuscht, weil sie nicht schwanger wurde. Als sie dann doch noch schwanger wurde, verheimlichte sie ihrem Mann die Schwangerschaft über mehrere Monate. Er soll sich dann abfällig zur Frühgeburt des Kindes mit folgendem Kommentar geäußert haben: „Zu mehr hat es bei der Mutter wohl nicht gereicht."

Nach kurzer Trennungsphase ließen sich die Eltern scheiden, als Ulrike drei beziehungsweise vier Jahre alt war. Der Vater war Beamter, die Mutter machte sich nach der Scheidung selbständig. Die Trennung verlief für Mutter und Kind insofern dramatisch, als der Vater drohte, die Mutter umzubringen, falls er das Kind nicht regelmäßig sehen könne. Obwohl Ulrike häufig geschrien haben soll, wenn der Vater an den Besuchstagen kam, um sie abzuholen, wagte die Mutter nicht, sie zurückzuhalten, aus Angst, er könne „Amok laufen". Die Mutter erhielt das Sorgerecht, der Vater nahm seine Besuche regelmäßig wahr, zwischen den Eltern bestand bis zur stationären Aufnahme Ulrikes in die Jugendpsychiatrie ein ausgesprochen gespanntes Verhältnis; der jeweils andere Elternteil wurde abgewertet: Man könne nicht miteinander sprechen.

Ulrike konnte sich noch erinnern, daß sie vor der Trennung der Eltern mit einem Hund aufgewachsen war, der für sie die Funktion eines Geschwisters hatte. Mit der Scheidung kam der Hund aufgrund der beengten neuen räumlichen Verhältnisse bei der Mutter zum Vater, obwohl der Hund eigentlich der Mutter gehörte.

Mit 12 Jahren – Ulrike hatte nach einer kurzen Kindergartenzeit die Grundschule durchlaufen und war dann auf ein Gymnasium gewechselt – hatte sich Ulrike beim Bockspringen angeblich das Knie verletzt, so daß sie vom Sportunterricht befreit und mehreren Ärzten vorgestellt werden mußte (später im Laufe der Therapie stellte sich heraus, daß Sport ihr schlechtestes Fach war, das sie ablehnte, da es ihr keinen Spaß machte). Sie wurde im Kniegelenk mehrfach „arthroskopiert" (Inspektion des Gelenkes mit Hilfe einer speziellen chirurgischen Optik) und entwickelte eine mehrmonatige Gehbehinderung.

Diese Beschwerden waren dann ein Jahr später wie „weggeblasen", als sie wegen einer akuten Blinddarmentzündung operiert werden mußte. Ulrike konnte beim ersten Aufstehen nach der Operation wieder „normal gehen". Die Operationswunde nach der Blinddarmentfernung heilte zunächst gut ab. Bei der ambulanten Nachschau hatte sich aber eine Fistel ergeben. Wie sich später herausstellte, hatte Ulrike zu Hause mit einem Gegenstand die Wunde wieder aufgekratzt, ohne daß zunächst jemand den Verdacht auf eine Eigenmanipulation hatte. Im weiteren Verlauf mußte sie in drei verschiedenen chirurgischen Krankenhäusern stationär behandelt werden, da die Wunde nicht heilen wollte.

Es wurde zunächst der Verdacht auf eine Fremdkörperreaktion, dann auf eine Wundheilungsstörung, d.h. einen Immundefekt geäußert; beides bestätigte sich aber nicht. Einmal wurde die Patientin nach Hause entlassen, wo sie, wie sich später herausstellte, mit einer Schere ein arterielles Gefäß durchschnitt, wodurch sie fast verblutet wäre. Sie wurde dann mit 14 Jahren (sie lag inzwischen schon fast ein Jahr ununterbrochen im Krankenhaus) in eine dritte chirurgische Klinik verlegt, wo man mit einer großen plastischen Operation versuchte, der riesigen Wunde doch noch Herr zu werden.

Nachdem das Transplantat zunächst für wenige Tage gut angewachsen war, traten wiederum Störungen der Wundheilung auf. Im daraufhin vorgenommenen Wundabstrich ließen sich Keime aus dem Nasen-Rachen-Raum nachweisen. Dadurch entstand erstmals der Verdacht, Ulrike selbst könnte sich die erneute Störung der Wundheilung zugefügt haben. Daraufhin bat man einen Jugendpsychiater um Rat.

Im Erstgespräch unter vier Augen gab Ulrike u.a. an, sie fühle sich als Vorzeigeobjekt des Vaters: Sie müsse alle 14 Tage den Vater besuchen, habe Angst, von ihm entführt zu werden, und die Sorge, er würde sie zwingen, mit ihm in die Ferien oder Wochenendurlaube zu fahren. Sie müsse immer wieder daran denken, daß ihr Vater nach der Scheidung sie einmal nicht zur Mutter zurückgebracht habe, damals sei sie vier Jahre alt gewesen.

Ulrike berichtete ferner auch von einer Szene kurz vor der Scheidung: Sie sei von einem Arm des einen Elternteils auf den Arm des anderen Elternteils gewandert. Ihr Hund habe hin- und hergeschaut, habe die Welt nicht mehr verstanden.

Sie wolle jetzt nicht mehr, daß der Vater sie küsse, er solle sie auch nicht zwingen, daß sie mit ihm in den Urlaub oder zum Skifahren gehe. Sie wolle dies selber bestimmen, der Vater solle auch mit seinen Lügereien aufhören und ehrlich werden. In bezug auf den Vater merkte sie noch an: „Der hat erst nach der ersten Arterienblutung gemerkt, daß ich krank bin!"

Die ausführliche Therapie dieser Patientin wurde an anderer Stelle eingehend erörtert.[19] Es sollen hier nur wesentliche Therapiephasen wiedergegeben werden:

Nach einer Eingewöhnungsphase von vier Wochen auf der Station für Jugendliche wurden die Selbstmanipulationen der Patientin – was nicht untypisch ist – häufiger. In der chirurgischen Klinik war vereinbart worden, daß die Patientin dort zweimal pro Woche zur Kontrolle der Wunde bzw. der Wundheilung vorgestellt werden sollte. Darüber hinaus war – auch mit der Patientin – vereinbart worden, daß einmal täglich ein Verbandswechsel auf der Station stattfinden sollte. In dieser Phase waren jedoch bis zu vier Verbandswechsel pro Tag nötig, weil die Verbände immer wieder stark durchgeblutet waren. Bei den Einzeltherapieterminen gab es zwar eine sprachliche Ebene der Verständigung mit der Patientin, aber noch kein eigentliches Verstehen.

Nach einem Vierteljahr stationärer Therapie erwähnte Ulrike, daß die Chirurgie-Schwester beim letzten Verbandswechsel geäußert habe, sie wolle die Narbe nicht mehr weiter verbinden. Das Thema Ohnmacht, das sich darin ausdrückte, wurde angesprochen und vermerkt, daß wahrscheinlich die Schwester wie auch wir selbst immer wieder eine Ohnmacht verspüren würden. Nicht wir, sondern sie selbst, Ulrike, hätte es in der Hand, wie es mit ihrer Wunde weiterginge. Sie teilte mit, daß sie zu sechzig Prozent willentlich Hand an sich lege, zu vierzig Prozent aber nicht. Diese vierzig Prozent seien ihr ein Rätsel.

Über einen kunsttherapeutischen Zugang, der auch ein von Ulrike vorgenommenes Abwandeln von Märchen, die mit ihr gelesen wurden, umfaßte, gelang es in kleinen Schritten, daß sie mehr und mehr auf die Selbstverletzungen verzichten konnte. Es gab dann Phasen, in denen sie überhaupt nicht mehr an ihrer Wunde manipulierte. Sie selbst reagierte beim ersten Mal mit einer gewissen Überraschung, doch ohne Freude über diesen Fortschritt.

Ihr Problem war die Unfähigkeit, mit sich alleine sein zu können. Dies führte dazu, daß das Stationsteam sie stets engmaschig begleiten mußte. Wurde dies nicht in erforderlichem Maße durchgehalten, begann sie erneut, sich selbst zu verletzen. Die Selbstverletzungen waren für uns Ausdruck dafür, daß Ulrike nur in Gegenwart anderer allein sein konnte, d.h., sie hatte die ichstützende Umwelt noch nicht verinnerlichen können und verfügte somit auch noch nicht über die Fähigkeit, wirklich allein sein zu können. Alleinsein war für sie gleichbedeutend mit Einsamkeit. Nach elf Monaten stationärer Therapie konnte Ulrike nach Hause entlassen werden. Zum Zeitpunkt der Entlassung verletzte sie sich nicht mehr selbst.

Ulrike nahm nunmehr brieflich Kontakt zum Vater auf, vertraute sich auch einer ehemaligen Lehrerin an, mit der sie über Themen sprach, über die sie mit der Mutter nicht hatte sprechen können oder wollen. Ulrikes intensive Übertragung auf die Ärzte (idealisierte Vater-Ersatz-Personen) konnten ihr im Laufe der Therapie teilweise bewußt gemacht und auch aufgelöst werden. Für sie war ihr Hund wie ein Geschwister, wie ein Übergangsobjekt, das der Vater umgebracht hatte: Zum Zeitpunkt ihrer Blinddarm-Operation hatte der Vater den Hund einschläfern lassen müssen, da das Tier an einem Tumor litt. Mit dem Tod des Hundes wurde damit nochmals die Trennungssituation der Eltern im Kleinkindalter von Ulrike aktualisiert. Sie wollte, daß der Vater über ihre Erkrankung auf sie aufmerksam wurde; ein Vater, der sie nicht nur vorzeigen sollte, sondern der sie auch liebhatte und vor dem sie sich während ihrer Pubertät auch ängstigte.

An ihrem Körper lebte Ulrike diese Macht-Ohnmacht-Problematik aus, indem das geliebte Objekt (idealisierter Vater = Arzt) immer wieder mit seinem Erfolg zunichte gemacht wurde, andererseits aber immer wieder aktiv einschreiten mußte. Für diese Interpretation spricht, daß sie in der ersten chirurgischen Klinik für den dortigen Oberarzt „schwärmte", in Tagträumen mit ihm ins Ausland flog und sich ausmalte, wie sie ganz in und mit seiner Familie zusammenleben würde.

III. Suizidversuch und Suizid bei Jugendlichen

„Liebe und Haß, Produktion und Konsum, Schöpfung und Zerstörung – der dauernde Krieg widerstreitender Tendenzen scheint geradezu der dynamische Kern der Welt zu sein." Mit dieser Feststellung leitet *Karl Menninger* die deutsche Ausgabe seines bereits 1938 erschienenen Buches mit dem deutschen Titel „Selbstzerstörung – Psychoanalyse des Selbstmords" ein.[1] Im Vorwort des Buches schreibt er u. a.: „... Wir haben begriffen, daß das Kind nicht nur lernen muß, weise zu lieben, sondern ebenso rasch zu hassen, damit es zerstörerische Neigungen von sich ab- und Feinden zuwenden kann, die es tatsächlich bedrohen, anstatt sie auf die Freundlichen und Wehrlosen zu richten, die häufigeren Opfer destruktiver Energie. Dennoch ist es wahr, daß sich letztlich jeder Mensch selbst tötet, auf seine eigene, selbst gewählte Weise, schnell oder langsam, früher oder später. Wir alle empfinden dies unbestimmt; es gibt so viele Gelegenheiten, es vor unseren Augen geschehen zu sehen. Die Methoden sind zahllos, und sie sind es, die unsere Aufmerksamkeit erregen ..."

Bevor ich ausführlicher auf Suizidversuche und Suizide bei Kindern und Jugendlichen eingehe, möchte ich einige wichtige, allgemeine Aspekte zur Suizidalität skizzieren.

1. Suizidalität – allgemeine Aspekte

Im Anschluß an das Buch von *Jean Amery* „Hand an sich legen – Diskurs über den Selbstmord"[2] gab es in der öffentlichen Diskussion in den letzten zwei Jahrzehnten nicht wenige Stimmen, die der Meinung waren, jemandem, der zum Suizid entschlossen sei und dies endgültig, solle man die Freiheit lassen, dies auch zu tun. Dies mag für sogenannte „Bilanz-Suizide" erwachsener Menschen in einzelnen Fällen zutreffen, nicht aber für jene Menschen, die in suizidaler Not stehen oder bereits einen Suizidversuch unternommen haben. Nachuntersuchungen zu versuchten Selbsttötungen haben 20 Jahre nach den Suizidversuchen zeigen können, daß 80% der Menschen, die einen Suizidversuch begangen hatten, noch lebten bzw. eines natürlichen Todes gestorben waren und daß, je nach Untersuchung, etwa 12% durch Suizid endeten, während etwa 8% nicht mehr auffindbar waren.[3]

In aller Regel sind es psychosoziale Krisen, die zur Selbsttötung führen, sieht man einmal von schizophrenen Erkrankungen und schweren endogenen Depressionen ab. Solche psychosozialen Krisen lassen sich unterteilen in solche, die sich aus der Lebensgeschichte ergeben, wie z.B. Verlassen des Elternhauses, Heirat, Geburt eines Kindes, Wohnungswechsel, Arbeitslosigkeit, Klimakterium, Pensionierung, erzwungener Altersheimaufenthalt, und andererseits in traumatische Krisen, welche unerwartet und plötzlich auftreten, wie z.B. plötzlicher Tod eines Nahestehenden, Krankheit, Invalidität, Untreue, Kündigung, soziale Niederlagen, äußere Katastrophen.[4]

Die psychiatrische Praxis lehrt, daß es Risikogruppen gibt, die besonders selbstmordgefährdet sind: Es sind dies vornehmlich Schizophrene, Depressive, Drogen- und Alkoholabhängige, Alte und Vereinsamte, Menschen, welche ihren Selbstmord ankündigen, sowie Menschen, die bereits einen Suizidversuch hinter sich haben. Mit Recht wurde darauf hingewiesen, daß es ein lebensgefährlicher Aberglaube sei, anzunehmen, daß Menschen, die vom Suizid reden, es nicht wirklich tun werden, während die, die dies tun wollen, davon nicht reden. Allerdings gilt diese Feststellung nicht für jugendliche Mädchen in der Hochpubertät, wie dies später noch ausgeführt werden wird: Bei ihnen steht – Gott sei Dank – der appellative Charakter in Form eines „Cry for help" sehr häufig im Vordergrund, ohne daß sich später hieraus ein „erfolgreicher Suizid" ergibt. Kommt es dennoch zu Suizidhandlungen, lösen sie in den betroffenen Familien, aber auch unter Helfern oder in der Öffentlichkeit große emotionale Betroffenheit aus.

Die Haltung diesem tragischen Phänomen gegenüber ist stark von Ambivalenz geprägt. Gerade die überdurchschnittlich hohe Selbstmordrate von Ärzten mag als Beweis hierfür stehen, wird doch diese hohe Suizidalität unter Ärzten in der Ärzteschaft selbst gerne verdrängt, selten diskutiert und hinterfragt. Weltweit fällt auf, daß die Suizidraten von Nation zu Nation unterschiedlich hoch sind: So haben etwa Ungarn, Finnland und die Schweiz im internationalen Vergleich hohe Suizidraten. Über die verschiedenen Altersstufen hinweg gilt aber für alle Länder, daß die Männer eine deutlich höhere Suizidrate als die Frauen aufweisen. Dies hängt damit zusammen, daß sie „härtere" Methoden (Erschießen, Erhängen etc.) anwenden, während Frauen dagegen überwiegend Medikamente einnehmen, sich „weicher" Methoden bedienen, deren todbringende Wirkung erst bei der „richtigen" Dosierung und nicht unmittelbar eintritt.

Eine Auswertung der neuesten Zahlen des Statistischen Bundesamtes Wiesbaden[5] ergab, daß die Suizidzahlen der Bundesrepublik Deutschland höher sind als die Zahlen der Verkehrstoten. Auch steigen die Suizidziffern mit zunehmendem Alter. Die neuen Bundesländer weisen höhere Suizidziffern auf als die alten, wobei die Unterschiede besonders die älteren Altersgruppen betreffen. Auch konnten besondere Risikogruppen bestätigt werden: Es sind dies psychisch Kranke, Alte, Vereinsamte, chronisch körperlich Kranke und Menschen, die bereits einen Suizidversuch hinter sich haben. Allerdings sind die Suizidversuchsraten insgesamt nach den Ergebnissen der *WHO-Euro-Multicenter-Study on Parasuicide* im Vergleich mit den 70er Jahren auf etwa ein Drittel zurückgegangen. Das Verhältnis Suizid zu Suizidversuch beträgt heute bei Männern 1:3,5, bei Frauen 1:15. Jüngere Altersgruppen, vor allem die weiblichen, haben höhere Suizidversuchsziffern. Die Suizidziffer, d.h. die Zahl der Suizide pro 100000 Einwohner, betrug bei den Männern für das Jahr 1995 21,92 und für die Frauen 8,38, d.h., das Suizidrisiko liegt bei Männern um das 2½ fache höher! Während die tatsächlich verübten Suizide in den Jahren 1991 bis 1995 in den alten Bundesländern zurückgegangen sind (bei den Männern um 15%, bei den Frauen um 31%), läßt sich ein umgekehrter Trend bei den Suizidversuchen feststellen: Letztere sind zwischen 1989 und 1995 nach der *WHO-Euro-Multicenter-Study on Parasuicide*, die das Gebiet Würzburg-Stadt und Würzburg-Land mit etwa 280 000 Einwohnern umfaßt, bei den Männern um 8% und bei den Frauen um 27% angestiegen. Bezüglich der Risikogruppen ist augenfällig, daß besonders männliche Alkoholiker etwa zu 24% Suizidversuche begehen. Die Angaben über Suizidversuche bei Drogenabhängigen variieren zwischen 19% und 67%.

Junge Leute nehmen sich häufiger im Herbst und Winter das Leben, ältere hingegen überdurchschnittlich oft im Frühjahr und Sommer. Dieser Unterschied konnte statistisch gesichert werden.[6]

Wichtig erscheint auch folgender „Befund" bezüglich der Patientensuizide in Psychiatrischen Krankenhäusern: In vier von 1970 bis 1993 untersuchten Psychiatrischen Krankenhäusern nahm die Zahl der Selbstmorde in den 70er Jahren zu und erreichte ihren Gipfel Anfang der 80er Jahre. Heute muß in Psychiatrischen Kliniken mit einer Suizidrate von 150–300 Suiziden auf 100 000 Aufnahmen pro Jahr gerechnet werden. Vergleicht man die Selbstmörder mit der übrigen stationären Klientel, dann sind die Suizidenten häufiger männlichen Geschlechts und jüngeren Alters sowie schizophrene Patienten mit 53% als neue „Risikogruppe" auszumachen.[7]

2. Selbstmord von Kindern und Jugendlichen – allgemeine Aspekte und Ursachen

Vor dem Hintergrund der in der Mitte der 70er Jahre dramatisch ansteigenden Zahl der Suizidversuche in jüngeren Altersgruppen wurde von einer WHO-Arbeitsgruppe 1986 in York, England, vorgeschlagen, eine Studie zur präziseren Erfassung der Häufigkeiten suizidaler Handlungen und deren Trends durchzuführen. Inzwischen sind an der Studie in 13 europäischen Ländern 16 Forschungsgruppen mit 16 sogenannten „Catchment-Areas" (geographische Untersuchungsgebiete) beteiligt.[5] Als deutsches Zentrum wurde Würzburg mit dem Erfassungsgebiet Würzburg-Stadt und Würzburg-Landkreis ausgewählt.

Aufgrund der ersten Untersuchungsergebnisse des deutschen Zentrums in Würzburg lassen sich folgende Aussagen treffen: Langfristig haben die Suizidziffern sowohl in den alten als auch in den neuen Bundesländern leicht abgenommen. Die Suizidziffer beträgt für die Gruppe der 15–19jährigen männlichen Jugendlichen in den alten Bundesländern 9 pro 100 000, für die weiblichen Jugendlichen 3 pro 100 000. Hingegen betragen die auf der Basis der WHO-Studie geschätzten Suizidversuchsraten für die Altersgruppe 15–19 Jahre im Durchschnitt für die Jahre 1989–1993 127 pro 100 000 für männliche Jugendliche und junge Männer, 376 pro 100 000 für weibliche Jugendliche und junge Frauen. Während die Raten der männlichen Jugendlichen und jungen Männer in bezug auf Suizidversuche in etwa stabil geblieben sind, ist hingegen bei weiblichen Jugendlichen die Zahl der Personen mit behandelten Suizidversuchen insgesamt deutlich angestiegen. Auffällig war auch der Unterschied bezüglich der Diagnosen bei jugendlichen Patienten mit Suizidversuchen, was das Geschlecht anging: Bei den männlichen Jugendlichen und Adoleszenten lag in 24% der Fälle eine Psychose vor (sogenannte Geistesstörung mit Verlust des Realitätsbezugs) und in 53% eine akute Belastungsreaktion (z.B. Verlust einer wichtigen Bezugsperson) und/oder eine Anpassungsstörung (z.B. Wohnortwechsel und hierdurch bedingte psychische Probleme). Bei den weiblichen Jugendlichen und Adoleszenten wurden hingegen keine Psychosen diagnostiziert, sondern akute Belastungsreaktionen und/oder Anpassungsstörungen in etwa 50%.

Bei den „vollendeten Suiziden" standen auch bei den Kindern und Jugendlichen „harte Methoden" im Vordergrund: So erhängten sich unter den 10–14jährigen männlichen Kindern 46% gegenüber 52% bei den Mädchen. Bei den Jugendlichen und Adoleszenten bis 19 Jahren waren es 49% der männlichen Jugendlichen und 25% der weiblichen, die ebenfalls diese „Methode" wählten. An zweithäufigster Stelle steht das „Sich-zu-Tode-Stürzen".

Über Suizidhandlungen vor dem 8. Lebensjahr wird in der Literatur so gut wie gar nicht berichtet. Vor dem 10. Lebensjahr stellt sich stets die Frage, ob die Todesursache nicht ein Unfall gewesen ist oder ein „spielerisches Geschehen". Dies ist bedingt durch den Umstand, daß bei Kindern rationales Wissen um den Tod nicht gleichzusetzen ist mit der Auseinandersetzung oder Bewältigung einer Todeserfahrung. Erst der Pubertierende beschäftigt sich in kritischer Form mit seiner eigenen Endlichkeit und mit der Unausweichlichkeit des Todes. So kann ein 7jähriges Kind durchaus altersadäquat an der Beerdigung seines verstorbenen Großvaters teilnehmen, sich aber am nächsten Tag wundern, daß der Opa nicht wie sonst am Mittagessen teilnimmt.

Generell läßt sich sagen, daß zahlreiche Autoren den Kinderselbstmord mit einem Spiel vergleichen, weil er eher dem Wunsch zu verreisen als einem tatsächlichen Todeswunsch entspricht.

Kinder erleben den Tod eines Elternteils oder einer anderen wichtigen Bezugsperson vor allem als ein Verlassen-Werden. Sie reagieren darauf mit Enttäuschung und Vorwürfen, als ob die erwachsene Person vorsätzlich „fortgegangen" wäre. Ihre Suizidphantasien und Suizidversuche sind vielfach eine Umkehrung dieses Erlebnisses: Sie antworten auf Liebesentzug mit dem Impuls, als Vergeltung nun ihrerseits „wegzugehen".

Typisch im Kindes- und Jugendalter ist das gemeinsame Auftreten von verminderten Problemlösungskompetenzen und vorwiegend in die Umwelt verlagerten Verhaltensauffälligkeiten wie Ärgerlichkeit, Kritikempfindlichkeit, Mißmutigkeit, Impulsivität, Aggressivität und Kriminalität.[8] Ferner sind charakteristische Krisensituationen: Liebeskummer, langandauernde Belastungen wie körperliche oder sexuelle Mißhandlungen, auch Zeugnisangst. Von entscheidender Bedeutung ist: Je geringer der Grad des familiären Rückhalts, desto höher das Suizidrisiko.[9]

3. Psychodynamik und Warnzeichen suizidalen Verhaltens bei Jugendlichen

Pubertäts- und Adoleszentenkrisen sind Krisen in drei sich überlappenden Problembereichen: Autoritätskrisen, Identitätskrisen und psychosexuelle Krisen. Jugendliche mit akuter Selbstmordgefährdung befinden sich häufig in einer Identitätskrise. Durch mangelndes Anerkannt-Werden (Aufkündigung einer Freundschaft oder Abwertung durch enttäuschte Eltern) kommt es häufig zu einem mangelnden Selbstbewußtsein und zu einer persönlichen Sinnkrise mit Nichtigkeitsgefühlen, die dann u. U. in einen Suizid einmünden können.

In einer Untersuchung zu suizidauslösenden Faktoren bei 157 stationär oder ambulant behandelten Patienten zwischen 10 und 18 Jahren der Kinder- und Jugendpsychiatrie Marburg im Jahr 1978 wurden die folgenden drei wichtigsten suizidauslösenden Faktoren herausgearbeitet:[10]

– Familiäre Konflikte (32%). Unter den Familienkonflikten tritt die Disharmonie in der Familie sowie der von den Jugendlichen empfundene Liebesentzug und die Einengung durch die Eltern besonders stark auf.

- Partnerschaftskonflikte (16%)
- Schul- und Ausbildungsprobleme (11,5%)

Sexuelle Konflikte als suizidauslösende Faktoren lagen in 7% der Fälle vor, psychische Erkrankungen lediglich in 3,8%.

Die gebräuchlichsten Suizidmittel waren mit 69% Schmerz- und Schlaftabletten, 22% der Jugendlichen hatten wiederholt einen Suizidversuch begangen.

Wenn die Familienkonflikte an erster Stelle stehen, so ist dies Beweis dafür, daß es zu einem Autoritätskonflikt im Ablösungsprozeß der Jugendlichen gekommen ist. Wie gravierend solche sogenannten „Broken-home"-Situationen suizidales Verhalten mitbestimmen können, ließ sich in zahlreichen Untersuchungen zeigen. Allerdings schwanken die Angaben über solche Einflüsse in der Vorgeschichte jugendlicher Selbstmörder je nach Stichprobe zwischen 11% und 70%! Es konnte nachgewiesen werden, daß die Väter dieser Jugendlichen gegenüber einer Kontrollgruppe häufiger an depressiven Verstimmungen litten, ein niedrigeres Selbstwertgefühl besaßen und häufiger Alkohol tranken.[11] Die Mütter der Suizidanten unterschieden sich von jenen einer Kontrollgruppe durch vermehrte Ängstlichkeit, häufigere Suizidgedanken und höheren Alkoholkonsum. Das Suizidrisiko von Kindern und Jugendlichen steigt außerdem, wenn einer oder beide Elternteile an einer mit erhöhtem Suizidrisiko einhergehenden psychiatrischen Erkrankung (z.B. einer Depression oder einer schizophrenen Psychose) leiden.[12]

Wie sehr die Beziehungskrisen innerhalb der Familie oder außerhalb (zur Freundin oder zum Freund) als entscheidender Faktor für suizidales Verhalten bei Jugendlichen zu Buche schlagen, zeigt sich auch in einer Analyse kinderpsychiatrischer Notfälle.[13] Die dabei gewonnene zentrale Aussage lautet: Der Selbstmord ist der letzte verzweifelte Versuch einer Begegnung mit den Eltern. In der untersuchten Gruppe konnten hinsichtlich der vorherrschenden Konfliktproblematik drei Gruppen von jugendlichen Suizidfällen unterschieden werden:

- Gruppe 1: *Verlust eines Liebesobjektes*
  Der Verlust eines Liebesobjektes, so die Autoren, würde dann zur Katastrophe führen, wenn der Jugendliche nicht sein reales Ich entwickeln könne und mit dem Verlust des geliebten Objektes auch selbst nicht mehr existiere. Bei diesen Jugendlichen

sei der Suizid die letzte Konsequenz der Depression und die Lösung eines Aggressionskonfliktes.

– Gruppe 2: *„The bad me" (mein schlechtes Ich)*
Die Jugendlichen dieser Gruppe empfanden: Meine Eltern lieben mich nicht, weil ich böse und verdorben bin. Dies sei Folge eines starren, rigiden Eltern-Ichs (Super-Ego). Auch fänden sich folgende Äußerungen: Meine Eltern mögen mich nicht, ich bin böse, muß sterben.

– Gruppe 3: *„Cry for help"*
Bei dieser Gruppe würden überwiegend äußere Streß-Situationen vorliegen (chronische Erkrankungen, chaotische Familienzustände, evtl. materielle Sorgen).

Daraus wurde der Schluß gezogen, daß die Problematik des jugendlichen Suizidpatienten vorwiegend in einer tiefgreifenden Kommunikationsstörung zwischen Eltern und Kind liege.[13] Als wichtige therapeutische Konsequenz folgt daraus, daß die Eltern in den Behandlungsplan intensiver einbezogen werden müssen, als dies zumeist üblich ist.

Der Suizidversuch oder der Suizid stellt in aller Regel das Ende eines längeren Prozesses dar, auch wenn gerade bei Jugendlichen gelegentlich überschießende und schnelle Entscheidungen für einen Suizidversuch überraschen. In der 1953 herausgegebenen Monographie „Der Selbstmord – Abschluß einer krankhaften psychischen Entwicklung"[14] wird erstmals das „präsuizidale Syndrom", gekennzeichnet durch „Einengung", gehemmter und gegen die eigene Person gerichtete Aggression und „Selbstmordphantasien", beschrieben. Mit „zunehmender Einengung" sind folgende Verhaltensweisen und Auffälligkeiten gemeint: a) *situative Einengung* (der Betreffende kann an nichts anderes mehr denken, nur noch an Suizid); b) *dynamische Einengung* (einseitige Ausrichtung auf eine bestimmte Wahrnehmung – alles ist z.B. gegen ihn eingestellt – Gedankenverbindungen wirken starr); c) *Einengung der zwischenmenschlichen Beziehungen* und d) *Einengung der Wertwelt*.

Es erhob sich nun die Frage, ob die einzelnen Elemente dieses präsuizidalen Syndroms auf Kinder und Jugendliche übertragbar sind. In einer 1984 publizierten Untersuchung über 40 Jugendliche nach einem Suizidversuch wurde deutlich, daß das präsuizidale Syndrom bei Jugendlichen durch die folgenden Merkmale charakterisiert wird:

1. *Konkrete Vorstellungen* über die Durchführung eines Suizidversuchs
2. *Suizidgedanken in der Anamnese*
   Intensive gedankliche Beschäftigung mit dem eigenen Suizid, während der die Vorstellung, einen Suizid zu unternehmen, für den Betreffenden zunehmend an Vertrautheit gewinnt
3. *Dysphorische Verstimmungen*
   Gefühl des Traurigseins; sich nicht mehr freuen können, niedergeschlagen sein
4. *Psychosomatische Äquivalente*
   Schlafstörungen, Veränderungen des Eßverhaltens, Müdigkeit, Konzentrationsstörungen, Kreislaufstörungen und Störungen des vegetativen Nervensystems (z.B. Schwitzen, Durchfall).[15]

Damit unterscheidet sich das präsuizidale Syndrom bei Kindern und Jugendlichen von demjenigen bei Erwachsenen insbesondere durch das Hinzutreten psychosomatischer Störungen.

Als *Warnsignale der Suizidgefährdung* bei Kindern und Jugendlichen gelten ihrem Häufigkeitsvorkommen nach geordnet:
− Subjektiver Eindruck, nicht ausreichend geliebt zu sein
− Gefühle der Einsamkeit, Isolation, Verzweiflung
− Ängste
− Gefühle der Ausweg- bzw. Sinnlosigkeit
− Grübelzwänge
− Lustlosigkeit, Teilnahmslosigkeit
− Sehnsucht, „weg zu sein", „auszuschlafen"
− Leistungsabfall in der Schule
− Weglauftendenzen respektive -versuche
− Phantasien über das „Danach".

Diese Warnsignale der Suizidgefährdung sind allerdings noch sehr allgemein gehalten und münden keineswegs immer in ein präsuizidales Syndrom.

Das „Committee on Adolescence" der American Academy of Paediatrics bezeichnete 1980 als eigentliche Risikofaktoren für suizidales Verhalten in der Adoleszenz:
− Depressive Adoleszentenkrisen
− Psychotische oder schizophrene Adoleszentenkrisen
− Auferlegtes „Sich-Zusammenreißen" bei Jugendlichen, die impulsiv und hocherregbar sind (wie es bei Jugendlichen mit Störungen des Sozialverhaltens und bei suchtgefährdeten Jugendli-

chen sowie bei Jugendlichen mit leichten Hirnfunktionsstörungen häufig zutrifft)
- Familiäre Unerwünschtheit des Jugendlichen
- Eine mit Suizid belastete Familiensituation sowie
- Schwere Unfälle (letztere könnten Ausdruck eines risikoreicheren Verhaltens im Rahmen einer präsuizidalen Entwicklung sein [Gottesurteil] und zusätzlich zu einer Beeinträchtigung des Selbstwertgefühles beitragen).[16]

Zum Verständnis der zum Selbstmord führenden Entwicklung als psychischer Prozeß erwiesen sich psychoanalytische Untersuchungserkenntnisse als besonders hilfreich.[17] Folgende zwei Motivationsketten lassen sich aus intrapsychischer Sicht häufig vorfinden, wobei diese „Kettenreaktion" auch bei Jugendlichen mit Suizidabsichten zu finden ist:

Motivationskette 1 beim Suizid

Aggression der Umwelt gegen das Subjekt
↓
Aggressive Regungen des Subjektes gegen die Umwelt
↓
Unmöglichkeit, die Aggression in die Tat umzusetzen
↓
Wendung der Aggression gegen die eigene Person
↓
Selbstmord

Bei diesem Modell wäre der Suizid ein verhinderter Mord:[18] Die aggressive Regung der Umwelt erzeugt eine reaktive Aggression, die aus welchen Gründen auch immer aber weder gezeigt noch nach außen dringen kann, so daß sich dann der aggressive Affekt gegen die eigene Person richtet.

Bei Trennungskonflikten, die mit seelischen Verletzungen, insbesondere mit narzißtischen Kränkungen, einhergehen, tritt die zweite Motivationskette auf:

Motivationskette 2 beim Suizid

Verlust der lebenswichtigen geliebten Person
↓
Wunsch nach Wiedererlangung des verlorenen Partners
↓
Unmöglichkeit, den Partner wiederzuerlangen
↓
Identifizierung mit dem verlorenen Partner
↓
Selbstmord

Weil der durch den Verlust Enttäuschte auf den Partner nicht verzichten kann, muß er den Haß abwehren, greift auf eine frühe Phase (orale Phase) zurück, in der er in der Phantasie durch Einverleibung des verlorenen Objektes mit diesem verbunden ist (im Tod vereint). [18]

Nachweisen ließ sich auch, daß bei Suizidanten das Selbstwertgefühl auffallend verletzt und äußerst gefährdet ist. Man spricht hier von narzißtischen Störungen, die sich in einem übersteigerten Selbstwertgefühl oder einem übermäßigen Minderwertigkeitsgefühl manifestieren. Typisch seien folgende narzißtische Störungen:[17]

– Schnelle Verunsicherung des Selbstwerterlebens
– Strenges und rigides Über-Ich (Gewissen)
– Ambivalente, leicht störbare zwischenmenschliche Beziehungen
– Fehlen eines realitätsgerechten Umgangs mit Aggressionen
– Angst vor totaler Verlassenheit und Hilflosigkeit
– Verleugnung der Realität und Idealisierung der eigenen Person und Umgebung
– Todesphantasien im Sinne von Harmonie, Ruhe und Geborgenheit
– Diskrepanz zwischen Todesphantasien und der Wirklichkeit des Todes.

Der suizidale Mensch versucht aufgrund der starken Verunsicherung seines Selbstwertgefühls, auf Kränkungen mit den Mechanismen der Verleugnung und Idealisierung zu reagieren. Seine Minderwertigkeitsgefühle kompensiert er mit Größenphantasien, während das strenge und rigide Über-Ich auf die Einhaltung des hochgespannten Ich-Ideals achtet, wodurch eine Art Teufelskreis entsteht. Pubertierende und Adoleszente neigen aufgrund ihrer Entwickungsphase ohnehin zu Größenphantasien. Dies bedingt, daß Enttäuschungen und Kränkungen vermehrt zu reaktiven Größenphantasien führen. Kommt es dann zu einer Entwertung der eigenen Person, dann stellen sich extreme Gefühlszustände ein: Das Selbstgefühl schwankt zwischen abgrundtiefer Wertlosigkeit und unerreichbaren Idealen. Auf immer höhere Anforderungen an sich selbst folgt ein immer quälenderes Gefühl des Versagens. Schließlich wird die Realität idealisierend entstellt oder gar verleugnet, während aggressive Impulse in den außerordentlichen stör- und krisenanfälligen zwischenmenschlichen Beziehungen gezügelt werden müssen.

Während der reife Erwachsene auf Enttäuschungen und Kränkungen damit reagiert, daß er die reale Situation prüft und sich neu zu orientieren versucht, zeichnet sich der unreife präsuizidale Jugendliche dadurch aus, daß er der Realität nicht standhalten kann, sondern frühkindliche Verhaltensweisen wieder aufgreift: Phantasien und Idealbilder treten an die Stelle realitätsgerechten Verhaltens. Die harte Wirklichkeit erscheint nicht erträglich, sondern sie muß verleugnet oder idealisiert werden.

Reicht auch das zur Bewältigung der Kränkung und Enttäuschung nicht mehr aus, bleibt nur die Regression in einen harmonischen Primärzustand, der sich in den Phantasien von Suizidanten immer wieder findet. Dieser Zustand ist durch Ruhe, Wärme, Erlösung, Befreiung, Glück, Geborgenheit usw. charakterisiert. Das Selbstwertgefühl bleibt vor der Katastrophe bewahrt, jedoch geht die Identität des Individuums verloren.

Andere Wissenschaftler sind der Überzeugung, die Wurzel der Suizidversuche bei Jugendlichen sei das Gefühl des Nicht-akzeptiert-Seins bzw. die Angst vor dem Verlassen-Werden.[19] Zu Suizidversuchen komme es in Situationen, in denen unerwartet eine Enttäuschung eintrete, eine Kränkung erfahren werde und eine Hoffnung zerbreche.

Bei 91 wegen eines Suizidversuchs stationär behandelten Patienten in den Jahren 1969 bis 1973, die zwischen 14 und 25 Jahre alt waren, konnten bei 65% der Jungen und bei 80% der Mädchen „weiche" Methoden in Form von Tabletten-Suiziden festgestellt werden.[19] Damit wurde ein Befund bestätigt, der in allen westlichen Ländern zu verzeichnen ist. Aus diesem Grunde muß dem Tabletten-Suizidversuch in der Pubertät besonders nachgegangen werden.

4. Der Tabletten-Suizidversuch in der Pubertät – auch ein Initiationsäquivalent?

In unterschiedlichen Untersuchungen zu suizidalen Jugendlichen wurde festgestellt, daß 69% bzw. 81% der Mädchen und 57% der Jungen Schlaf- und schmerzstillende Mittel eingenommen hatten.[10, 20] Angesichts dieser Ergebnisse drängen sich zwei Fragen auf: 1. Warum kommt es zu einer Häufung der Suizidversuche in der eigentlichen Pubertät besonders bei weiblichen Jugendlichen? 2. Wie erklärt sich die Vorliebe für die Tabletten?

Zur Beantwortung dieser Fragen muß erneut auf die Besonderheiten der Altersstufe Pubertät eingegangen werden, sowohl hinsichtlich der verhaltensspezifischen intrapsychischen Prozesse als auch in bezug auf die besondere Stellung der Pubertierenden in der Familie und der Gesellschaft. Man kann davon ausgehen, daß eine Mehrfach-Determinierung der Selbstmordhandlung vorliegt, die durch das Zusammenwirken intrapsychischer Faktoren im Suizidanten sowie durch die Wechselwirkung im familiären und sozialen Felde zustande kommt. Obwohl, wie oben ausgeführt, bei Jugendlichen familiäre Konflikte, Partnerschaftskonflikte und Schulprobleme mit die wichtigsten suizidauslösenden Faktoren darstellen, kann ein allgemeines Motiv wie Liebeskummer, sexuelle Schwierigkeiten etc. niemals den „Entschluß" zur Selbstvernichtung ausreichend erklären. Keine Hypothese oder Theorie zum Suizid oder Suizidversuch kann eine umfassende Berücksichtigung aller beteiligten Faktoren in Anspruch nehmen. Allenfalls der Betroffene selbst kann, soweit es ihm möglich ist, authentisch über seine Erfahrungen und über sein Erleben aussagen. Andererseits muß interpretatives Vorgehen nicht notwendigerweise zur wirklichkeitsfernen Spekulation führen, bleiben doch gewisse Fakten ohne Interpretation sinnlos.

Esthers Kränkung und „Beweis" (Fallbeispiel 5):

Als Beispiel für einen schwer zu verstehenden Suizidversuch will ich die Geschichte von Esther erzählen:

Esther, 15 Jahre alt, hatte völlig überraschend einen schweren Tabletten-Suizidversuch mit einer unbekannten Menge eines Beruhigungsmittels unternommen. Sie war morgens nicht aufgestanden, war nicht wachzubekommen und mußte schließlich über den Notarzt in die Intensivstation eines Kreiskrankenhauses eingeliefert werden. Nachdem sie außer Lebensgefahr war und wieder aufklarte, wurde sie einem Kinder- und Jugendpsychiater vorgestellt, um ihre weitere Selbstmordgefährdung abzuschätzen.

Esther war Einzelkind, Gymnasiastin mit guten Schulleistungen und aus der Sicht der Mutter, die die Patientin begleitete, bislang ohne größere Probleme aufgewachsen. Esther kam mit einem großen Teddy-Bär unter dem Arm und wirkte mehr wie eine 13jährige. Die Mutter überreichte folgenden Abschiedsbrief, den Esther in der Nacht geschrieben hatte, wohl kurz vor der Tabletteneinnahme (Abb. 2).

Für die Mutter kam der Suizidversuch aus heiterem Himmel. Im Einzelgespräch berichtete das Mädchen, daß sie seit einigen Wochen in der Klasse einen „Schwarm" habe, daß dieser Klassenkamerad jedoch nicht wisse, daß sie sich für ihn interessiere. Am Tag vor der Tabletteneinnahme habe Esther in der großen Pause bemerkt, daß sich ihr „potentieller Freund" in für sie eindeutiger Weise für andere Klassenkameradinnen interessierte, indem er sich nicht, wie sonst, mit zu ihrer Gruppe gesellte, sondern an ihr vorbeilief, sie keines Blickes würdigte und mit anderen Mädchen redete. Für sie sei dieses Verhalten eindeutig gewesen: Er habe sich von ihr abgewandt, habe für sie nichts mehr übrig, sie sei ihm egal. Dies habe sie zutiefst getroffen, und sie habe deshalb abends beschlossen, nicht mehr weiterleben zu wollen.

Wohl für jeden Erwachsenen ist diese überschießende Handlung, die in den lebensbedrohlichen Suizidversuch einmündete, damit nicht befriedigend erklärt. Esther gesteht in ihrem Abschiedsbrief auch ein, daß sie keine einfache Erklärung geben könne, sondern „ein ganzes Buch davon schreiben müßte". Dies kann bedeuten, daß das Geschehen sehr viele Facetten und Wurzeln hat, die nicht einfach kundzutun sind. Wovor hat sie Angst? Hatte sie Angst, ihren potentiellen Freund „zur Rede zu stellen", ihm zu gestehen, daß sie sich für ihn interessiert und daß sie es unmöglich findet, wenn er sich anderen zuwendet? Sie entwertet sich zudem gegenüber den Eltern: Diese sollen nicht traurig sein, wenn sie nicht mehr da sei, da sie nicht einmal betrauernswert sei.

Esther konnte im therapeutischen Gespräch sehr gut darüber sprechen, wie ihr potentieller Freund das Fehlen von Esther in der Schule registrieren würde: Der würde sich sicherlich fragen, warum sie nicht gekommen sei, und man würde es ihm dann irgendwann sagen, daß sie Tabletten genommen habe.

Bei oberflächlicher Betrachtung liegt nunmehr das Suizidmotiv auf der Hand. Esther wagte nicht, ihren Schwarm anzusprechen, über den Suizidversuch macht sie auf sich aufmerksam, will Zuwendung gleichsam erzwingen.

Könnte es aber auch sein, daß sich Esther mit dem Tabletten-Suizidversuch „beweisen" wollte, welch außergewöhnliche Dinge sie zu tun bereit ist, um ihn zu gewinnen, um sich seiner sozusagen würdig zu erweisen? Mit dem Suizidversuch ist sie gleichsam „an den Rand des Lebens" gegangen, und alle, auch ihr Schwarm, mußten einsehen, daß sie gleichsam fähig ist, ihr Leben hinzugeben. Neben der naheliegenden „indirekten Bestrafung" durch den Suizidversuch könnte der Suizidversuch, falls sie ihn überlebt, zu einer Wiedergeburt und zu einem Neuanfang mit ihm, dem potentiellen und ersehnten Freund, werden.

Nochmals zurück zur Frage: Warum kommt es zu einer Häufung der Suizidversuche in der eigentlichen Pubertät vor allem bei Mädchen, und wie ist deren Vorliebe zur Tabletteneinnahme zu erklären?

Die folgenden Ausführungen, die die oben bereits beschriebenen Aspekte der Psychodynamik der Pubertät vertiefen sollen, müssen im Hinblick auf die Jugendlichen in der Pubertätskrise verstanden werden, d.h., sie sollten nicht verallgemeinert werden, indem sie auf Jugendliche schlechthin übertragen werden. Gleichwohl stellt Pubertät per se eine normative Krise in der psycho-physischen Entwicklung dar und wird von suizidgefährdeten Jugendlichen besonders deutlich als krisenhafte Zeit der Umstrukturierung, Neuorientierung und des Experimentierens erlebt.[21]

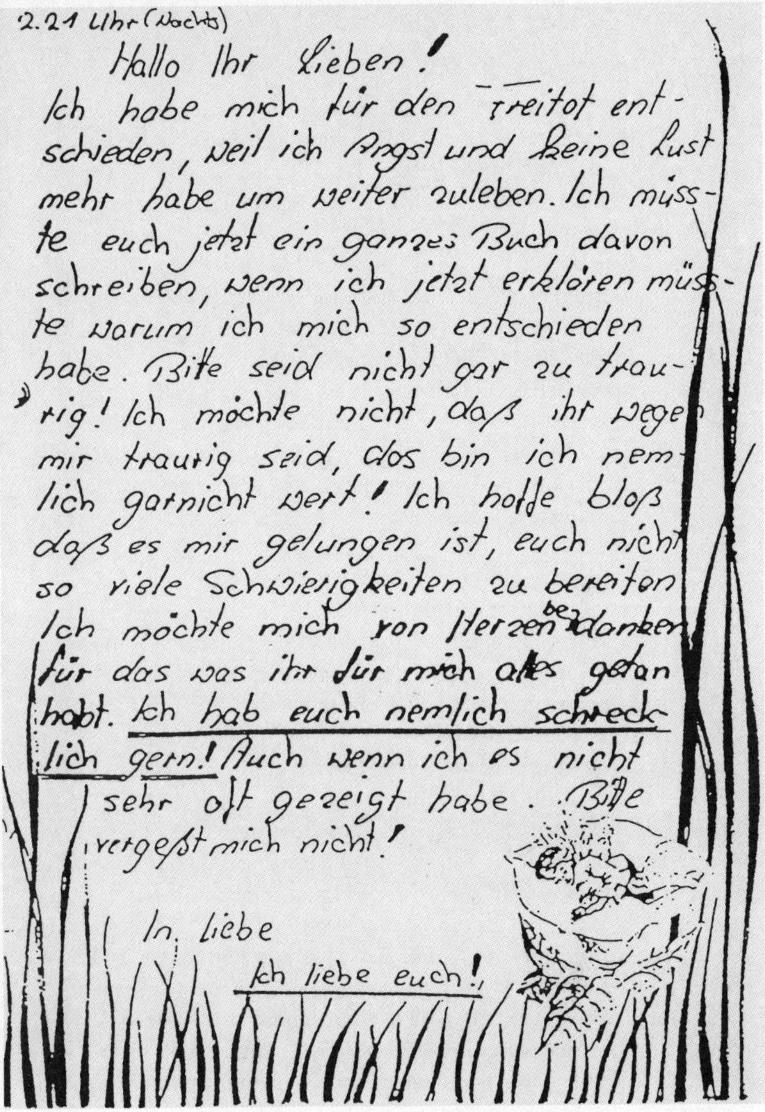

2.21 Uhr (Nachts)

Hallo Ihr Lieben!

Ich habe mich für den Freitot entschieden, weil ich Angst und keine Lust
mehr habe um weiter zuleben. Ich müss-
te euch jetzt ein ganzes Buch davon
schreiben, wenn ich jetzt erklären müss-
te warum ich mich so entschieden
habe. Bitte seid nicht gar zu traurig! Ich möchte nicht, daß ihr wegen
mir traurig seid, das bin ich nemlich garnicht wert! Ich hoffe bloß
daß es mir gelungen ist, euch nicht
so viele Schwierigkeiten zu bereiten
Ich möchte mich von Herzen bedanken
für das was ihr für mich alles getan
habt. Ich hab euch nemlich schreck-
lich gern! Auch wenn ich es nicht
sehr oft gezeigt habe. Bitte
vergeßt mich nicht!

In Liebe
        Ich liebe euch!

Abb. 2: Abschiedsbrief von Esther

73

Psychische Faktoren bei Pubertierenden, die eine Neigung zur Suizidhandlung begünstigen

In einer eigenen Untersuchung konnte ich feststellen, daß von den 122 Jugendlichen, die wegen Suizidversuchen in der Kinder- und Jugendpsychiatrie Tübingen vorgestellt oder behandelt wurden (es handelte sich um 76 Mädchen und 46 Jungen), bei den Mädchen lediglich 13,2% in der Altersstufe der 10–12jährigen, hingegen 59,2% bei den 13-15jährigen und 27,6% bei den 16–20jährigen zu finden waren. Dies bedeutet, diese „Hoch-Zeit" des Tabletten-Suizidversuchs bei Mädchen fällt mit der eigentlichen Hochpubertät der Mädchen zusammen und ist durch ein zentrales Selbst-unwert-Erleben gekennzeichnet, das sich in Störungen des Selbstwertgefühls und in Ich-Einschränkungen äußert. Es ist dies eine Phase extremer und notwendiger Schwächung der psychischen Strukturen, der Regression sowohl in der Trieb- als auch in der Ich-Entwicklung, der Reaktivierung ödipaler und präödipaler Strebungen und Konflikte.

Unter psychoanalytischen Gesichtspunkten stellt sich als wichtigstes Problem der Pubertät die Frage: Wie wird die jeweilige Ich-Organisation dem neuen Reifungsschritt des Es begegnen? Der Jugendliche muß mit seiner neu erworbenen Macht, zerstören oder gar töten zu können, umgehen lernen, einer Macht, die den Haßgefühlen des Kleinkindes noch unbekannt war. *Winnicott* drückt dies in folgendem Bild aus: „Es ist, als sollte neuer Wein in alte Schläuche gefüllt werden."[22]

Die Umstrukturierung im psychischen Bereich bedingt eine Autonomie- und Identitätskrise, in deren Verlauf es zu einem Hin- und Herschwanken von regressiven und progressiven Strebungen kommt. Als typische Beispiele solcher „Extrempositionen" seien die Rückzugs- und Abkapselungstendenzen im Sinne einer zunehmenden Konzentration auf das eigene „Seelenleben" genannt, die im Gegensog affektive Zustände von ungewöhnlicher Intensität hervorrufen, die den Glauben an die Einzigartigkeit der eigenen Gefühle entstehen lassen und zu einer Entdeckung der eigenen, individuellen Persönlichkeit führen können.

Im passiven Verhalten (z.B. „Null-Bock-Mentalität") erzwingt der Jugendliche eine Trieb-Regression, mit der er das crescendoartige Anfluten triebhafter Spannungen zurückweist und abwehrt.

Diese Passivität steht im Widerspruch zur progressiven Entwicklung des reifenden Körpers. Eine Stabilisierung des erschütterten und labilen Selbstgefühls wird durch Mechanismen der Realitätsverleugnung und der Idealisierung versucht, die zu überspannten Idealbildern führen, zu rigidem Über-Ich-Verhalten, das sich in Zwängen oder in einer sogenannten „Pubertätsaskese" und Aggressionshemmung äußern kann. (Von Pubertätsaskese spricht man dann, wenn z.B. ein 15jähriger Jugendlicher im Winter seinen Oberkörper nur mit einem T-Shirt bekleidet, sich abhärten und „stählen" möchte. Ebenso kann das Krankheitsbild der Pubertätsmagersucht als Extremform einer Pubertätsaskese aufgefaßt werden.)

Die phasenhaft auftretende, relative Ich-Schwäche des Pubertierenden erfährt oft eine zusätzliche Schwächung durch die abnehmende Ich-Unterstützung durch die Eltern. Die Ich-Störungen werden sichtbar im Ausagieren (Acting-out-Verhalten), d.h. in unangemessenen, überschießenden, verbal aggressiven Äußerungen oder auch Handlungen, wenn frustrierende Ereignisse den Jugendlichen belasten. Ferner in Lernstörungen, mangelnder Entschlußkraft, Aufschieben von Entscheidungen, Launenhaftigkeit und der Tendenz, alles negativ zu beurteilen. Diese Verhaltensweisen können als Zeichen eines noch nicht vollständig geglückten Lösungsversuches von noch infantilen, verinnerlichten Mutter- oder Vaterbildern angesehen werden, die z.B. für eine stets versorgende, liebevolle und verwöhnende Haltung stehen im Sinne einer „Schlaraffenland-Erwartung".

Allerdings ist hier daran zu erinnern, daß der Neigung zum Egozentrismus in der Pubertät ein stabilisierender Faktor zukommt. Dabei nimmt der Jugendliche in aktuellen oder erwarteten Interaktionen die Reaktionen anderer auf sich selbst vorweg. Der Jugendliche unterstellt bei diesen Erwartungshaltungen und Vorannahmen, daß „andere ihn ebenso positiv oder negativ sehen, wie er sich selbst".[23] In gewisser Weise entwirft der Jugendliche ständig ein imaginäres Publikum und reagiert darauf. Eine nicht seltene Form des Entwurfes eines solchen imaginären Publikums ist die Vorstellung des Pubertierenden, wie andere wohl auf sein eigenes Sterben reagieren würden. Dabei spielt auch die begleitende Vorstellung eine große Rolle, wie die anderen zu spät den eigenen Wert erkennen.

Der Glaube an die persönliche Einzigartigkeit – bedingt durch den Egozentrismus – unterstützt die Überzeugung von der eigenen Unsterblichkeit. Gleichwohl schwankt beim Pubertierenden die gefühlsmäßige Einstellung zu sich selbst zwischen den Extremen, nichts und alles zu sein. Diese ambivalente Haltung betrifft auch die Frage der Autonomie: Es ist eines der wesentlichen Merkmale der Pubertät, daß ein rascher Wechsel zwischen herausfordernder Unabhängigkeit und regressiver Abhängigkeit vorliegt, und nicht selten findet sich eine Koexistenz beider Extreme zur gleichen Zeit.

Alle bisher genannten Faktoren können in Pubertätskrisen eine Schrittmacherfunktion einnehmen, insofern sie zu einer Schwächung der Ich-Stabilität beitragen und damit eine Neigung zur Suizidhandlung begünstigen.

Der selbstmordgefährdete Pubertierende zwischen Familie und Umwelt

Noch mehr als beim Erwachsenen spielen beim suizidgefährdeten Jugendlichen folgende Komponenten eine wichtige Rolle, die die suizidale Haltung mit der ihr eigenen Logik und Dynamik erst ermöglicht:

1. Das zerbrochene Weltbild
2. Der gestörte Dialog und die hierdurch bedingte Verstärkung der Vereinsamung und das Gefühl, emotional zu kurz zu kommen.

Diese zwei Punkte möchte ich im folgenden vertiefen.

Das zerbrochene Weltbild

Die kognitive Entwicklung, die in der Pubertät zum Erwerb komplexer Denkprozesse führt, erlaubt dem Jugendlichen nicht nur, „alle kombinatorischen Möglichkeiten in einem neuen System auszuschöpfen und kontrafaktische Hypothesen aufzustellen", sondern auch das „eigene Denken zu denken", seine eigenen Denkprodukte zum Gegenstand der Reflexion zu machen.[24] Neben der durch diese Fähigkeit des Denkens bewirkten Entwicklung zum Egozentrismus ermöglicht und erzwingt die neue Denkfähigkeit ein Hinterfragen von bislang Gültigem.

Die Folge ist in der Pubertät eine mehr oder weniger ausgeprägte Krise des Weltbildes, besonders im Bereich der religiösen
Überzeugungen und der ethischen Wert- und Moralvorstellun-
gen. Gelingt es dem Pubertierenden nicht, die eigene „neue Welt-
sicht" in die ihn umgebende Welt zu integrieren, verschieben sich
die Akzente, und das Interesse drückt sich in der ausschließlichen
Beschäftigung mit einer in sich zerbrochenen Identität aus. Die
Umwelt der Jugendlichen verliert ihre Konturen, das Unbestimm-
te herrscht vor, und er läuft Gefahr, daß der immer neu zu ent-
werfende Lebensplan die Kluft zwischen den Welten – seiner persönlichen und der nicht persönlichen, fremden Welt – nicht mehr
überbrückt.

Gestörter Dialog und Vereinsamung

Der Pubertierende ist seinem Wesen nach ein „relativ Isolierter".
Eine gewisse Isolierung im Zusammenhang mit der Konzentration auf die eigene Innenwelt in der Pubertät ist die notwendige
Voraussetzung, um reife Beziehungen zwischen Individuen entstehen zu lassen, und damit erforderlich für ein normales Sozial-
verhalten. Wie bereits ausgeführt, kann unsere heutige westliche
Gesellschaftsordnung dem Pubertierenden keine funktionierende
„institutionalisierte Initiation" anbieten, wie dies heute noch bei
einigen Naturvölkern üblich ist.

So scheint die Rolle des temporären Außenseiters manchmal die
einzige Lebensmöglichkeit zu sein, sich mit sich selbst auseinan-
derzusetzen. Der sich zunehmend vereinsamt fühlende Pubertierende erlebt das Leben unter dem Aspekt des Verlassen- und Ver-
schlossen-Seins. Er glaubt, sich selbst am nächsten zu sein, und ist
sich dabei selbst ein Fremder. Er droht, sich selbst mehr und mehr
in einen Zustand des Entrückten hineinzumanövrieren. Der vereinsamte, sich selbst als fremd erlebende Pubertierende ist ein
„Heimatloser" geworden, sich im Aufbruch befindend und auf
der Suche nach Sinn und Heimat. Wesentliche Aspekte hiervon
leuchten in folgendem Gedicht eines Jugendlichen auf, dem er den
Titel „Sonnenblume bei Nacht" gab:

Man hat mich gefragt,
wo kommst Du her?
Ich habe gesagt,
ich weiß es nicht mehr.
Ich bin Heimatloser.

Man hat mich gefragt,
wo gehst Du hin?
Ich habe gelacht,
da die Sonne schien.
Ich bin Sonnenblume.

Ich habe geträumt,
der Tag und die Nacht,
sie hätten gekämpft
und mich umgebracht.
Ich war Sonnenblume.

Da bin ich erwacht,
um Mitternacht.
Die Heimat ist immer
Tag und Nacht.
Ich war Heimatloser.

Der Tabletten-Suizidversuch bei Jugendlichen – Versuch einer inadäquaten Auflösung der Pubertätskrise

Die verschiedenen Aspekte der Pubertätskrise: Vertrauenskrise, Autonomiekrise und Identitätskrise (einschließlich der sexuellen Identität), die beim suizidgefährdeten Pubertierenden mit jeweils unterschiedlicher Gewichtung eine bedrohliche Dimension angenommen haben, erfahren durch die suizidale Handlung eine neue Bewertung, die dem Betroffenen einen – wenn auch zeitlich begrenzten – Ausweg ermöglicht.

Lösungsversuch der Vertrauens- und Kommunikationskrise

Oft setzt der jugendliche Suizidgefährdete der Ohnmacht in der konkreten Vertrauenskrise (auf dem Hintergrund des unterbrochenen Dialoges mit den Eltern) ein imaginäres Publikums entgegen, begleitet von Rachegefühlen. Eine gewisse bittersüße Lust begleitet z.B. die Vorstellung, wie die anderen am Grab zu spät den eigenen Wert erkennen. Dies bedeutet, daß der Jugendliche eigentlich wünscht, der abgebrochene Dialog möge durch die suizidale Geste wiederaufgenommen werden. Insofern ist der Suizidversuch als dynamische Handlung sowohl ein Angriff auf die eigene Person als auch ein Angriff auf die Außenwelt.

Seine Autonomie versucht der jugendliche Selbstmörder durch den Entschluß zurückzugewinnen, der Ohnmacht durch eigenes Handeln ein Ende zu setzen. Das dabei vorhandene Zögern und die Ambivalenz, weder leben noch sterben zu können und die „Entscheidung" letztlich doch dem Schicksal zu überlassen, wird im Suizidversuch mittels Tabletten besonders deutlich demonstriert. Der Pubertierende weiß in aller Regel, daß die Quantität der Tabletteneinnahme über den „Ausgang" entscheidet. Er weiß, bewußt oder unbewußt, daß er das Schicksal herausfordert und er damit an den äußersten Rand des Abgrundes geht. Mit der suizidalen Handlung nimmt er Rache an der Vergangenheit unter „scheinbarem Verzicht" auf die Zukunft; dabei findet sich grausamerweise sein Mut zum Leben in der verklausulierten Form des Mutes zum Tod wieder.

Das Besondere des jugendlichen Suizidversuchs mit Tabletten liegt ferner darin, daß sich der Betroffene der „bösen" oder „guten" Wirkung des Medikamentes anheimgibt. Welche Wirkung dabei letztlich im Augenblick der oralen Einnahme vorweggenommen wird, ist je nach Einzelfall verschieden. Die Tabletteneinnahme in fraglich suizidaler Absicht versetzt den aktiv Handelnden in einen extrem passiven und hilflosen Zustand, der an die Säuglingszeit erinnert, wobei die „Mutter Natur" durch die Aufnahme des Medikaments unwillkürlich und geheimnisvoll die pharmakogene Wirkung „herbeizaubert". Ob pubertierende Mädchen besonders deshalb häufiger als Jungen zum Tabletten-Suizid neigen, weil sie darin einen unmittelbareren Zugang zu den Wandlungen ihres Körpers erfahren, muß Spekulation bleiben (wenn die „Pille" über Tod und Leben des noch ungeborenen Lebens entscheiden kann, warum sollte dann das in suizidaler Absicht eingenommene Medikament nicht eine ähnliche Entscheidungsmacht besitzen?). Hinzu kommt, daß die Tabletteneinnahme in suizidaler Absicht in der Regel keine Schmerzen bereitet und deshalb als Methode bevorzugt wird.

Unabhängig davon, wie tief der durch die Tabletteneinnahme ausgelöste Schlaf- oder Bewußtlosigkeitszustand jeweils ausgeprägt war, der Ausgang gleicht einer Wiedergeburt: Entweder kehrt der Jugendliche unversehrt ins bewußte Leben zurück in dem Gefühl, den Tod herausgefordert und das Leben bis an seine äußersten Grenzen durchschritten zu haben. Oder er wäre gestorben, dann hätte er eine irgendwie andersgeartete Wiedergeburt erlebt, denn „unter dem Bild des Todes versteht der typische Suizidant eigentlich etwas sehr Lebendiges. Das Tragische daran ist, daß er diese Phantasie mehr oder weniger erfolgreich in eine tödliche Handlung umsetzt".[17]

Da der Mensch sich selbst die Grenze im Denken ist, kann er sich auch nicht den eigenen Tod vorstellen. Die Vorstellung vom Tod als endgültiger Vernichtung und vollkommenem Ende steht bei dem suizidgefährdeten Jugendlichen nicht im Vordergrund. Obgleich er Angst vor dem Sterben haben kann, vermittelt ihm der Gedanke an seine Selbstvernichtung ein Gefühl der Beruhigung. Seine Todessehnsucht bedeutet Sehnsucht nach Verlorenem oder nie Besessenem.

Lösungsversuch der Identitätskrise

Durch den Tabletten-Suizidversuch kommt es zum tiefen Schlaf, zur Bewußtlosigkeit oder zum Tod, d. h. psychologisch gesehen, in jedem Falle zu einer Verschmelzung mit dem geliebten oder gehaßten Objekt, in den meisten Fällen mit einem Elternteil oder mit dem Partner, der stellvertretend die Mutter oder den Vater als primäres Liebesobjekt repräsentiert. Der Versuch der äußersten Absonderung im Selbstmord führt letztlich zur Vereinigung, so wie der Ausreißer vom „Heimweh" geplagt ist. Die Verschmelzung bahnt sich bereits in den Phantasien des „imaginären Publikums" an. Durch die in der Phantasie vorweggenommene und durch den Schlafzustand herbeigeführte Verschmelzung mit dem primären Liebesobjekt – meist Mutter, Vater, Freund oder Freundin –, die einer primären Identifikation entspricht, ist die Identitätskrise zeitweilig, d. h. für den Zeitraum der Suizidhandlung, „aufgehoben".

Der Tabletten-Suizidversuch als Grenzüberschreitung und Selbstinitiation

Der Suizidversuch mit Tabletten hat als „Spiel mit dem Tode" einen grenzüberschreitenden Aspekt, der die Umkehr sämtlicher Werte beinhaltet: Tod und Leben, in den Gedanken des suizidalen Jugendlichen ohnehin dicht beieinanderliegend, verlieren im ambivalenten Schwebezustand des Selbstmörders ihre Bedeutung als eindeutige Situation, ihr spezifischer Sinn verändert sich im wechselseitigen Vertauschen. Auf diese Weise kommt der gewünschte Tod dem Leben sinngemäß so nahe, daß die Qualität des Daseins, des Lebens, von ihm übernommen werden. Das Leben hingegen nimmt mit dem Tod verwandte Attribute an und verliert die bestimmte Eindeutigkeit des Existierens.[25]

Die oben beschriebenen „Lösungsversuche" des suizidalen Pubertierenden in der Krisensituation, der Versuch der Wiedererlangung verlorener Autonomie, Identität und des Dialogs, gelingen nur im „Überstieg". Psychoanalytisch gesehen stellt dieser einen Rückgriff auf die symbiotische Phase dar (Verschmelzung mit dem primären Liebesobjekt), kann aber andererseits auch als ein Rückfall bzw. bereits wieder als eine Progression auf die narzißtische Stufe angesehen werden, auf der es zu einem Wiederaufrichten eines „grandiosen Selbst" kommt.

Im „Rückblick" und im „Spiel" mit suizidalen Gedanken hat ein Heranwachsender dies in Gedichtform zu fassen versucht:

Die Idee vom Rundgang großer Gedanken im Kreis

Die Himmelsleiter
an die Wand stellen
ins Jenseits steigen
sage einer Hausfriedensbruch
wenn man die Wüste verläßt
Verleumdung
wenn man das Schweigen
beim Namen nennt

Es ist keine Bleibe
in diesem Wahn

Irrtum
weiße Wahrheit
trifft ins Schwarze
Trauerspiele

Durch das Inkaufnehmen einer möglicherweise selbstzerstöreri-
schen Handlung durchbricht der Pubertierende das Konventionel-
le, das „Normale" seiner Existenz. Die durch die Tabletteinein-
nahme phantasierte Veränderung und Verwandlung bedeutet eine
„Gratwanderung mit verbundenen Augen". Sie beinhaltet den
Wunsch nach Auseinandersetzung mit den möglichen Unmög-
lichkeiten. Für den Pubertierenden, der eine Veränderung und
Wandlung seines Körpers durch die Pubertät erfährt, kann die
Verwandlung durch die Tabletten Aspekte der psychischen
Wandlung, d.h. die Bedeutung einer Initiation, gewinnen. Hierbei
kommt der Alkohol- und Drogenerfahrung eine Schrittmacher-
funktion zu.

Bei Jugendlichen mit Drogenerfahrung kommt hinzu, daß ihr
Wunsch, Hochgefühle zu erleben oder außergewöhnliche Erlebnisse zu haben, den Wunsch nach dem Drogenrausch mit my-
stisch-religiösen Erfahrungen und nach Bewußtseinserweiterung
fördert. Das „Himmelhoch-jauchzend-zu-Tode-betrübt-Sein"
wird dann durch den Drogenrausch als Hinaufsteigen und, beim
Nachlassen der Wirkung, als Hinabfallen erlebt. Durch das Dro-
generlebnis glaubt der Jugendliche zu wissen, daß es immer wieder zu einer Rückkehr kommt, zu einer Heimkehr von einer
Fahrt in unbekannte Räume. Insofern kommt dem Suizidversuch
mit Tabletten auch ein gewisser Experimentiercharakter zu (auf
manchen Partys gilt es als ein besonderer Nervenkitzel, daß man
eine unbekannte Mischung aus unterschiedlichen Pillen und Desi-
gner-Drogen einnimmt, um neue Wirkungen auszuprobieren.
Daß dies mit dem Risiko verbunden ist, sich lebensgefährlich zu
vergiften, wird dabei in Kauf genommen).

Der Tabletten-Suizidversuch ist dementsprechend unter anderem der Versuch, die Grenzen des eigenen Seins abzutasten, in ein
persönliches Niemandsland vorzustoßen. Es mag auch der unbewußte Wunsch des Pubertierenden vorliegen, immer wieder zu
erfahren, daß er „unzerstörbar" ist, daß er sich selbst in dem nicht
akzeptierten Zustand „überleben" kann. Wie bereits erwähnt,

sollen die Pubertätsriten bei den Naturvölkern eine Integration in die Welt der Erwachsenen herbeiführen. Die Isolierung von den Eltern als erste Stufe dient zur Auflösung frühkindlicher Bindungen und zu einem Wiederaufbau des Ichs in der Welt der Erwachsenen. In Ermangelung derartiger institutionalisierter Initiationsriten in unserer Gesellschaft kommt dem Suizidversuch mit Tabletten in der Pubertät – ähnlich wie den Selbstverletzungen – gelegentlich die Bedeutung einer Selbstinitiation zu: Der Suizidversuch mit Tabletten stellt einen extremen Absonderungsversuch dar, der von Verschmelzungs- und Wiedergeburtsphantasien begleitet wird. Er kann mitunter als Versuch angesehen werden, die „psychologische Nabelschnur" zu den Eltern zu durchbrechen, die Abhängigkeit von ihnen zu überwinden.

Bildlich gesprochen kann man den Tabletten-Suizidversuch des Pubertierenden als „Nachtmeerfahrt des Helden" beschreiben. Er begibt sich in das Dunkel und die Untiefen seines Unbewußten, dem er aufgrund seines labilen Ichs mehr oder weniger ausgeliefert ist. Alle Gegensätze fallen auf dieser „Fahrt" zusammen, vereinigen sich. Dieser Zustand ist voller Paradoxien: In dem Akt der größtmöglichen Entfernung kommt es zur Verschmelzung, d.h. zur größtmöglichen Nähe, das Schweigen wird durch die suizidale Handlung zum furchtbaren Aufschrei, der Rückzug zum unübersehbaren Signal.

Bleibt der Suizidversuch erfolglos, gleicht der Jugendliche nach seiner „Rückkehr" einem Wiedergeborenen, eben einem Initiierten. Die Reaktion der Eltern ist jedoch meist alles andere als „einem Initiierten angemessen". Äußerungen wie „man sollte dir den Hintern versohlen" oder ähnliche Formulierungen sind der Regelfall. Dies unterstreicht, wie wichtig die differenzierte Vorbereitung der Eltern auf die Rückkehr ihres Kindes durch den Psychologen, Psychiater oder Arzt ist.

Eine gänzlich andere Haltung wird einem Jugendlichen nach seinem überlebten Suizidversuch mit Tabletten seitens der gleichaltrigen Freunde entgegengebracht: Sie zeigen neben Betroffenheit Bewunderung, sie „prahlen" damit, jemanden aus ihrem Freundeskreis zu kennen, der „fast drüben" war, der eine außergewöhnliche Grenzsituation durchlebt hat, die etwas Einmaliges und Unheimliches an sich hat. Der Betreffende hat mit seinem Tabletten-Suizidversuch unter Beweis gestellt, daß er imstande ist,

Konventionen über Bord zu werfen und den „Aus- und Überstieg" zu wagen.

Könnte Esthers „geglückter Tabletten-Suizidversuch", den ich auf Seite 70 ff. beschrieben habe, nicht nur physisch – das Leben wurde ihr durch die Kunst der Mediziner wiedergeschenkt –, sondern auch psychisch eine Wiedergeburt bedeuten? Sie wäre dann „eigen-initiiert".

IV. Wie selbstverletzendes und selbstzerstörerisches Verhalten entsteht

Selbstverletzung und Selbstschädigung können unterschiedliche Ursachen haben: Biologische und entwicklungspsychologische, soziale und kulturelle Faktoren spielen in wechselseitiger Verknüpfung hierbei eine entscheidende Rolle. Zunächst sollen im folgenden biologische bzw. organische Ursachen aufgeführt werden, danach werde ich auf psychogenetische und innerpsychische Bedingungen, auf entwicklungspsychologische Erklärungsansätze sowie auf lerntheoretische und tiefenpsychologische Aspekte eingehen.

1. Biologische Ursachen selbstverletzenden und selbstzerstörerischen Verhaltens

Die auffallende Häufigkeit autoaggressiven Verhaltens bei geistig Behinderten legt den Verdacht nahe, daß hierbei organische Faktoren eine ursächliche Rolle spielen müssen. Beispiele hierfür sind in diesem Zusammenhang das *Lesch-Nyhan-Syndrom*, eine erbliche Störung des Purinstoffwechsels, sowie das *Cornelia-de-Lange-Syndrom*, bei dem es sich um eine selten auftretende embryonale Entwicklungsstörung unklarer Ursache handelt, wobei auch hier ein in den Genen liegender „Fehler" als Ursache diskutiert wird. Beim Lesch-Nyhan-Syndrom reißen sich die Patienten zwanghaft mit den Händen an den Lippen, beißen sich in die Lippen, wobei sie trotz normaler Schmerzempfindlichkeit sogar Lippen- und Zungenteile sowie Fingerkuppen abbeißen können. Beim Cornelia-de-Lange-Syndrom werden automutilative Verhaltensweisen beobachtet, und zwar: sich selbst kratzen und schlagen, in die Augen bohren, sich selbst in die Finger, in die Lippen, Schultern und Knie beißen.

Beim Lesch-Nyhan-Syndrom besteht ein Enzymdefekt, wobei neben dem selbstverletzenden Beißen erhöhte Harnstoffmengen im Blut *(Hyperurikämie)*, ein verstärkter Spannungszustand der Muskulatur *(Spastik)* und wurmartige, geschraubte Bewegungen *(Athetose)* zu beobachten sind. Die Selbstverstümmelungstendenz ist so impulsiv und unkontrollierbar, daß zum Schutz der betroffenen Körperteile gelegentlich ein Anbinden der Hände oder das Ziehen der Zähne oft unumgänglich erscheint. Untersuchungen an Patienten mit Lesch-Nyhan-Syndrom und Gilles-de-la-Tourette-Syndrom – es handelt sich bei letzterem um eine schwere Tic-Erkrankung, bei der gelegentlich selbstverletzendes Verhalten vorkommen kann – lassen die Vermutung zu, daß selbstverletzendes Verhalten möglicherweise durch eine Fehlregulation dopaminerger Aktivitäten bzw. durch dopaminerge Rezeptorübersensibilität mitbedingt ist (*Dopamin* ist ein sogenannter „Botenstoff" des Gehirns, ein wichtiger „Neurotransmitter". Neurotransmitter verändern die Durchlässigkeit von Membranen und sind damit verantwortlich für Signalübertragungen zwischen den Hirnzellen. *Dopaminerg* werden diejenigen Nervenfasern genannt, deren Neurotransmitter Dopamin ist. *Serotonin* ist übrigens ein weiterer wichtiger Neurotransmitter des Gehirns). Gesichert erscheint, daß krankhaft veränderte dopaminerge Mechanismen beim selbstverletzenden Verhalten eine Rolle spielen, weshalb solche Patienten mit entsprechenden Medikamenten behandelt werden.[1] Offenbar spielt aber auch ein Ungleichgewicht im Serotonin-Stoffwechsel an den Rezeptoren der Hirnnerven eine Rolle und ermöglicht oder – um es vorsichtiger zu formulieren – ist notwendig für eine Veranlagung zu selbstverletzendem Verhalten.[2] Untersuchungen an Tieren unterstützen diese Vermutung, da hierbei nachgewiesen werden konnte, daß ein künstlich herbeigeführter Serotoninmangel zu einer Zunahme aggressiver Verhaltensweisen führt.[3]

Neben der sogenannten Dopamin- und der Serotonin-Hypothese zu selbstverletzendem Verhalten wurde in den letzten Jahren zusätzlich die sogenannte *Endorphin-(Enkephalin-)Hypothese* aufgestellt. Sie beruht auf der Beobachtung, daß Schmerzreize zu einer erhöhten Ausschüttung von Endorphinen führen (es handelt sich um körpereigene, dem Morphin verwandte Hormone des Gehirns) und damit eine Aufheiterung einer negativen Stimmungslage bewirken.[4] Stereotypes selbstverletzendes Verhalten soll demnach durch die Freisetzung von endogenen, d.h. durch das Gehirn produzierten Opiaten, einen positiven verstärkenden Effekt haben. Damit wäre die Ausschüttung von Endorphinen eine Reaktion auf das selbstverletzende Verhalten, also kein der Automutilation vorausgehender, sondern ein sie aufrechterhaltender Faktor.[5] Anders ausgedrückt: Man nimmt an, daß durch die Selbstverletzung die Enkephalin- bzw. Endorphinmenge akut erhöht wird und so die Wiederholung des selbstverletzenden Verhaltens gebahnt wird.[4] Folgerichtig sind auch Erfolge bei der Behandlung von selbstverletzendem Verhalten durch die Medikamente Naloxon bzw. Naltrexon möglich geworden, bei denen es sich um Anti-Morphine handelt.

Zusammenhänge zwischen süchtigem Verhalten und den Endorphinen wurden auch bei anderen Krankheitsbildern vielfach diskutiert. Auch bei der Pubertätsmagersucht wurde ein Endorphin-Mechanismus für das süchtige Nicht-essen-Können vermutet.[6] Aus der Endorphin-(Enkephalin-)Hypothese wurde der naheliegende Schluß gezogen, daß selbstverletzendes Verhalten in manchen Fällen deutlich Kriterien süchtigen Verhaltens aufweist, so daß die Hypothese einer strukturellen Gleichartigkeit zwischen süchtigem und wiederholt selbstverletzendem Verhalten gerechtfertigt erscheint. Damit wäre wiederholtes Selbstverletzen gleichbedeutend mit süchtigem Verhalten.[7]

Vor dieser biochemisch orientierten Betrachtungsweise (d.h. in der Zeit vor der Entdeckung der Neurotransmitter und ihrer Funktionen) versuchte man, selbstverletzendes Verhalten als cerebralen Defekt bestimmter Hirnregionen nachzuweisen. Ausgehend von der Tatsache, daß z.B. hirngeschädigte Katzen zu Automutilationen neigen, wenn sie bis zur Wut gereizt werden, erhob sich die Frage, ob nicht auch bei geistig Behinderten, bei denen schwerste Automutilationen festgestellt wurden, entsprechende hirnorganische Befunde nachzuweisen wären.[8] Daß das Großhirn allgemein hemmende Funktionen ausübt, bei deren Ausfall es – z.B. in Folge von starkem Alkoholeinfluß – zu einer Enthemmung und Aktivierung motorischer und aggressiver Regungen kommt, ist allgemein bekannt. Trotzdem ließ sich bei zahlreichen neuropsychologischen Experimenten an Tieren kein eigentliches „Aggressionszentrum" in der Hirnsubstanz finden.[9]

Es gibt jedoch Hirnareale, von denen aus leichter aggressive Verhaltensweisen ausgelöst werden können als von anderen (so z.B. vom Thalamus, einem Zwischenhirnareal). Von mehreren Forschergruppen wurde auf die räumliche Nachbarschaft von Sexualität, Hunger und Aggressivität in jenen entwicklungsgeschichtlich älteren Hirnregionen hingewiesen, die Sinneseindrücke zu Gefühlen „vernetzen" und an das Großhirn weiterleiten.

2. Selbstverletzendes Verhalten aus der Sicht der Verhaltensforschung

In den 60er Jahren beobachteten amerikanische Wissenschaftler, daß Rhesus-Äffchen, die getrennt von der Mutter mit einem Minimum an sozialem Kontakt aufwuchsen, bei einer bedrohlichen Situation, die sonst einen Angriff auf den Bedroher zur Folge gehabt hätten, in autoaggressiver Weise sich selbst verletzten.[10] Des weiteren wurde festgestellt, daß die Häufigkeit selbstverletzenden Verhaltens umgekehrt proportional der Häufigkeit von entsprechenden manipulativen Reizen durch die Umgebung ist.[11] Selbstverletzungen würden benutzt, um die notwendigen Stimuli für ein Gefühl der Beruhigung und Geborgenheit zu erhalten, die sonst nicht entstünden. Damit habe die Automutilation nicht nur das Ziel, innere Spannung und Unruhe abzubauen, sondern sie stelle auch den Versuch dar, die interpersonellen Beziehungen wiederherzustellen.

Diese Beobachtungen der Zoologen konnten zum Teil für das menschliche Verhalten bestätigt werden: Bei Fehlen einer befriedigenden Objektbeziehung wird die Entladung aggressiver Strebungen unmöglich gemacht, und bereits der Säugling richtet seine Aggression dann gegen sich selbst als das einzige ihm verbleibende Objekt.

Autoaggression als Übersprungshandlung

Manche Wissenschaftler erklären die Autoaggression als eine Art „Übersprungshandlung".[12] Dabei stützten sie sich vornehmlich auf den berühmten Verhaltensforscher *Tinbergen*, der das Phänomen der Übersprungshandlung, das ursprünglich aus der Verhaltensforschung an Tieren stammt, auf den menschlichen Bereich übertrug.[13] Damit es überhaupt zu einer Übersprungshandlung kommen kann, muß u.a. der Widerstreit zweier Impulse nachweisbar sein, so wie die Erregung eines Instinktes, der nicht in die ihm zugeordneten Handlungen abfließen kann, sondern sich über einen anderen Instinkt entlädt.

Andere Forscher fordern anstelle des Begriffs der Übersprungshandlung den der sogenannten „Alternativbewegung", deren Zustandekommen sie so erklären: „Wenn zwei Stimmungen im Konflikt sich gegenseitig hemmen, so erhöhen sie ihre Reizschwelle wechselseitig so weit, daß trotz großer innerer Spannung keine ihrer ,autochtonen (von selbst entstehenden) Bewegungsweisen' auslösbar sind. Eine dritte, von ihr ,gebahnte' Stimmung dagegen könnte ihre Schwelle übersteigen und nun sozusagen als ,Leerlauf' losgehen." Auf den Menschen übertragen handele es sich meist um Konflikte, die sich gegenseitig hemmten (z.B. Gleichzeitigkeit von Zuneigung zur Mutter und Abneigung der Mutter gegenüber).[14]

Lerntheoretische Erklärungsansätze gehen davon aus, daß Automutilation entweder als reaktives Verhalten, als operantes Verhalten (an den Konsequenzen orientiert) oder auch als durch Nachahmung erlerntes Verhalten erklärt werden könne.

Selbstverletzendes Verhalten kann demzufolge als Reaktion auf einen unangenehmen Reiz auftreten, während die Häufigkeit der Autoaggression nach dieser Vorstellung von speziellen Reizsituationen beeinflußt werden könnte. Nach der Frustrations-Aggressions-Hypothese entsteht Autoaggression dadurch, daß Aggressionen bzw. deren Ausleben der Umgebung gegenüber gebremst werden.[15] Andere Forscher führen zwar die Autoaggression auf die Frustration zurück, nehmen aber an, daß das Selbst als Quelle der Frustration anzusehen sei und nicht die äußere Umwelt, die ein Ausleben der Aggression hemme.[15]

Zur Frustrationshypothese paßt die Beobachtungen, daß Frustrations-Wut-Reaktionen bei Säuglingen schon erstaunlich früh auftreten.[17] So heißt es von einem siebenmonatigen Kleinkind: „Wenn sie in ihrem Stühlchen sitzen soll, während die Familie noch ißt, und man sie nicht beachtet, steigert sie sich in eine solche Wut hinein, daß sie sich mit ihren Fäustchen an den Kopf schlägt und sich selbst an Haaren und Ohren zu reißen beginnt. Eine autoaggressive Verzweiflungsreaktion."

Nach der Frustrationshypothese gilt, daß bei Anwesenheit eines adäquaten Aggressionsziels autoaggressive Handlungen selten sind. Würden jedoch solche Aggressionsobjekte fehlen, könnte der Wutausbruch in Autoaggression umschlagen, die beim Kleinkind manchmal sogar zu Selbstverletzungen führten. Damit ist das Frustrations-Wut-Verhalten im Kleinkindesalter Hinweis darauf, daß es „ein sehr altes, vormenschliches Erbstück der Evolution ist, das der Mensch mit sich schleppt", und mit dem er „sich bis zum Ende seiner Tage ... herumschlagen muß".

Ein *operantes* oder *instrumentelles Verhalten* ist aus lerntheoretischer Sicht im Gegensatz zum reaktiven Verhalten nicht durch einen vorausgehenden Reiz bestimmt, sondern durch die Konsequenzen, die auf das Verhalten folgen. Die operante Hypothese besagt, daß das Problemverhalten durch seine Konsequenzen kontrolliert wird. Dies bedeutet, daß wiederholte Automutilation auch ein erlerntes Verhalten sein kann, welches durch positive oder negative Verstärker (seien es äußere – z.B. andere Personen – oder innere Verstärker, die im eigenen Verhalten des Patienten liegen) aufrechterhalten wird. Der Mechanismus der Aufmerksamkeitserheischung *(Attention-seeking-behavior)* werde durch positive Verstärkung gefestigt; andererseits könnte eine Vermeidungsstrategie, ein Vermeidungsverhalten *(Escape-behavior)*, ebenfalls das Verhalten oder negative Verstärkung festigen. Autoaggressives und autodestruktives Verhalten wäre demzufolge ein außerordentlich effizientes Instrument, um von der Umwelt sowohl die gewünschte Aufmerksamkeit zu erlangen als auch unerwünschten Situationen auszuweichen.[18]

Schließlich kann nach lerntheoretischer Überzeugung Automutilation auch durch Modell-Lernen übernommen werden. Dabei ist entscheidend, daß immer dann ein Verhalten erfolgreich ist, wenn der Anreiz zur Nachahmung besonders hoch ist. Besonders deutlich wird dieses Modell-Lernen dann, wenn es zu kettenreaktionsartigen Suizidversuchen oder Suiziden kommt. Der Fernsehfilm „Tod eines Schülers" führte mit seiner zweimaligen Ausstrahlung im deutschen Fernsehen jedesmal zu einer signifikanten Erhöhung jugendlicher Selbstmorde: Die Betreffenden warfen sich – wie im Film gezeigt – vor einen Zug!

3. Psychoanalytische und tiefenpsychologische Autoaggressionstheorien

Es wurde schon darauf hingewiesen, daß einige Wissenschaftler unter Bezugnahme auf *Freuds* Konzept des Todestriebes davon ausgehen, daß der reale Wert einer Selbstverstümmelung darin liegt, daß sie als Kompromiß zwischen Eros und Thanatos (Todestrieb) einen vollendeten Suizid abwende, sie also den Preis für einen Sieg des Lebenstriebes über den Todestrieb darstelle.[19] Sie nehmen ferner an, daß selbstverletzendes Verhalten den Kompromiß zwischen den vom Über-Ich unterstützten aggressiv-destruktiven Impulsen und dem Willen zu leben (und zu lieben) darstellt. Eine partielle oder lokale Selbstzerstörung dient demnach dem Zwecke, unwiderstehliche Triebe zu befriedigen und gleichzeitig deren nicht bewußten und nur zum Teil erwarteten Folgen zu entgehen.[5]

Psychoanalytiker in Freudscher Tradition postulierten, daß alle Formen von Automutilation neben einer aggressiven und bestrafenden auch eine erotische Komponente aufwiesen: „Das aggressive Element könne sich nach innen gegen ein introjiziertes Objekt oder nach außen gegen reale Objekte richten (provokative Wirkung der Automutilation). Die erotische Befriedigung bestehe in der Aufgabe der aktiven und der Übernahme der passiven Rolle, was mit dem (in der bisexuellen Anlage des Menschen begründeten) unbewußten Wunsch des Mannes, die Frauenrolle innezuhaben, zusammenhänge. Die in der Automutilation enthaltene Selbstbestrafung schließlich sühne sowohl vergangene wie auch künftige aggressive Wünsche und Phantasien; während der gesunde Mensch sagen würde: ‚Ich bereue zwar meine ‚Sünden', doch mich selbst zu verletzen, das hat keinen Sinn', schließe der neurotische Mensch einen Kompromiß, indem er sich symbolisch verletze (offene Hautschädigung); der psychotische Patient schließlich bringe sein Sühneopfer nicht symbolisch, sondern unverhüllt konkret dar (Autokastration, Autoenukleation)."

Autoaggression, Autoerotik und Selbstbestrafung als wesentliche Komponenten der Selbstbestrafung wurden in der nachfolgenden psychoanalytischen Literatur von zahlreichen Autoren aufgegriffen. Manche sahen eine offene Hautschädigung als symbolische Attacke gegen eine frustrierende Mutter und gleichzeitig als selbststimulierende bzw. autoerotische Ersatzhandlung bei frühkindlich erlittenem Liebesentzug.[20] Auch wurden von analytischer Seite offene Selbstschädigungen als Masturbationsäquivalente betrachtet, indem innerpsychische Spannungszustände sozusagen abgeführt wurden.[21]

Die meisten psychoanalytischen Theorien bezüglich selbstverletzenden Verhaltens sind weitgehend durch *Freuds* Berichte über selbstzerstörerische Komponenten der Melancholie beeinflußt, die er als die Attacke des Über-Ichs auf das ambivalent empfundene Liebesobjekt ansah, das in das Ich übertragen werde. Ein rigides Gewissen und eine überhöhte Idealvorstellung, die keinerlei nach außen gerichtete aggressive Strebungen toleriere, seien kennzeichnend für den depressiven Menschen. Aggressivität, Gereiztheit, Ärger, Wut usw., die unter keinen Umständen geäußert werden dürften, würden sich nun gegen die eigene Person wenden.

Andere Psychoanalytiker sind der Auffassung, je stärker das Kind unter mangelnder emotionaler Zuwendung (Deprivation) zu leiden habe, je mehr die Eltern selbst rigide, streng oder ihrer eigenen Problematik verhaftet seien, desto rigider, starrer und strenger würden die Verinnerlichungen (Internalisierungen) und Identifizierungen sowie das daraus resultierende Über-Ich des Kindes sein, denn „das Kind ist unter der Drohung des Liebesentzuges verstärkt gezwungen, ein starres Abbild seiner Umwelt in sich aufzurichten, um sie innerlich zu erhalten, wenn sie sich äußerlich zu entziehen droht".[22]

Wieder andere Analytiker fanden bei Patientinnen mit dem Symptom der offenen Selbstschädigung regelmäßig eine „forcierte Entwicklung aus einer Symbiose (meist mit der Mutter) in die Autarkie".[23] Sie argumentieren, daß aufgrund eines Klimas der emotionalen Verarmung und einer psychischen Mißhandlung sowie durch zu frühe Übernahme der Elternrolle (Parentifizierung) innerhalb der Familie (wenn z.B. eine in ihrer erzieherischen Kompetenz insuffiziente Mutter betreut und bemuttert werden mußte) und häufige Schuldzuweisungen und Vorwürfe (durch den typischerweise leistungsfordernden und harten Vater) sich im Kind ein durchwegs erbarmungsloses Über-Ich entwickele, dessen selbstzerstörerische Kraft in quälenden Schuldgefühlen,

Selbstverachtung und Selbsthaß zutage trete und schließlich unter gewissen Umständen zur offenen Selbstschädigung führe.

Auch wurde der sado-masochistische Aspekt beim selbstverletzenden Verhalten in den Vordergrund gestellt: Automutilation – so die These – entstehe als Flucht vor dem Sog einer stark empfundenen Abhängigkeit aus frühkindlicher Zeit (Abhängigkeit von einer omnipotenten Mutter). Diese Flucht bediene sich über die Automutilation des autoerotischen Gebrauchs des eigenen Körpers, begünstigt durch den Mangel an mütterlicher Zuwendung in der Kindheit und den dadurch resultierenden mangelnden Reizungen in der taktilen Sphäre. Selbstverletzungen der Haut würden dies gleichsam „nachholen". Bestimmte Formen der Automutilation seien somit vorwiegend als Regression in eine frühe präödipale Phase anzusehen. Indem der Patient die Rolle beider Partner einer sado-masochistischen Beziehung spiele, entwickele er bis zu einem gewissen Grad eine omnipotente Selbstzufriedenheit.[24]

Schließlich meinen einige Autoren, daß Patienten mit Selbstverletzungen ihren Körper als „Übergangsobjekt" wahrnehmen und benutzen (der Begriff „Übergangsobjekt" basiert auf der Beobachtung, daß Kleinkinder abends häufig Stofftiere, wie z.B. einen Teddybären, mit ins Bett nehmen müssen, um einschlafen zu können, dies stellvertretend für die abwesende Mutter. Der Teddy dient damit als Übergang zum Alleinsein-Können, wird als Ersatzobjekt gebraucht). Damit stelle sich die Frage, ob nicht der Körper, erlebt als „nicht-zu-mir-gehörig", ein besonderes Licht auf eine sadistische bzw. masochistische Neigung werfe. Man war auf das Konzept des Übergangsobjektes als Erklärung des Phänomens der offenen Selbstschädigung aufmerksam geworden, als eine Patientin ihr Blut, das nach der Selbstverletzung angenehm warm über ihre Haut floß, mit einer „Sicherheitsdecke" verglich.[25]

Manche Autoren beschreiben die vom Patienten geschädigte Körperhaut nicht nur im Sinne eines guten Übergangsobjektes, sondern auch im Sinne eines gleichzeitigen „bösen inneren Objektes": In „Situationen, die nicht zu bewältigen sind, wird zu einer derartigen Ich-Spaltung gegriffen, die den Körper als äußeres Objekt erschafft und dadurch das übrige Selbst von unerträglichen Spannungen entlastet, denn der Körper ist so das böse Objekt, das Aggression, Schuld und Bestrafung auf sich zieht, gleichzeitig aber wie ein Mutterobjekt als präsent erlebt wird und vor Alleinsein schützt".[26]

Erwähnenswert erscheint noch, daß das Kernstück selbstverletzenden Verhaltens für manche Psychoanalytiker „die mangelnde Ausbildung des Narzißmus" ist. Menschen mit einem labilen Selbstgefühl und einem gestörten Selbstwertgefühl seien nicht in der Lage, ihren Körper genügend narzißtisch zu besetzen.[27] Ihr Über-Ich werde nicht von einem wohlwollenden Selbstgefühl gemildert, das Ich schließlich vermöge keine für das Selbstwertgefühl vorteilhafte Information aufzunehmen. Seien Selbstaufnahme und Eigenliebe jedoch unmöglich, führe dies dazu, besonders in Verbindung mit einem archaischen strengen Über-Ich, daß Selbstabwertung und Selbstverachtung bei erhöhter Verletzlichkeit und Kränkbarkeit aufkämen, wodurch schließlich ohnmächtige Wut und rasender Haß entstünden, was schließlich in der Verletzung des eigenen Körpers münde.

Zusammenfassend müssen wir uns fragen, welches sind die Konsequenzen aus diesen Theorien und Erkenntnissen zur biologischen und hirnphysiologischen Seite selbstverletzenden und selbstzerstörerischen Verhaltens? Was folgt aus der Erkenntnis, daß solches Verhalten auch gelernt und, sich selbst verstärkend, immer wiederholt werden muß? Welche Schlußfolgerungen ziehen wir aus der Überlegung, daß jugendliche „notorische wristcutter" u. a. wie Süchtige anzusehen sind oder als Menschen, die ihren Leib wie ein Übergangsobjekt benutzen, sei es autoerotisch oder sado-masochistisch? Die Konsequenzen – und dies lehrt die psychiatrisch-psychotherapeutische Erfahrung – können nur in der Wahl eines vielfältigen Mehr-Ebenen-Zugangs liegen, wenn es sich um die schweren Formen selbstzerstörerischen Verhaltens handelt. Dies bedeutet, wir dürfen weder ausschließlich tiefenpsychologisch fundiert oder nur verhaltenstherapeutisch orientiert vorgehen noch nur psychopharmakologisch, solange keine Therapieform als die eindeutig erfolgversprechendere auszumachen ist. Da selbstverletzendes und suizidales Verhalten in aller Regel gravierende Konsequenzen sowohl für den Betroffenen als auch für die „Helfer" und Therapeuten hat, muß alles daran gesetzt werden, daß neben der Therapie mehr der Vorbeugung (Prävention) Augenmerk geschenkt wird. Hierauf will ich im nächsten Kapitel eingehen.

V. Vorbeugung und Therapie von selbstverletzendem und suizidalem Verhalten Jugendlicher

Das Faktum, daß ein Suizidversuch gerade erfolgt ist oder bevorsteht, entscheidet, wie dem Jugendlichen zu begegnen ist. In letzterem Fall wird die Art und das Ausmaß der Entwicklung suizidalen Verhaltens die vorbeugenden Maßnahmen bestimmen. Bei wiederholt selbstverletzendem Verhalten werden ebenfalls die Intensität des autoaggressiven Verlangens, die situativen Umstände bzw. die therapeutische Situation das weitere Vorgehen mitbestimmen.

Die Überlegungen zur Prävention und zur Therapie sollen im folgenden getrennt erfolgen in bezug auf den Umgang mit Jugendlichen, die a) selbstmordgefährdet sind bzw. b) wiederholt selbstverletzendes Verhalten zeigen. Zuvor sollen aber allgemeine Empfehlungen zum Dialog mit autoaggressiven Jugendlichen gegeben werden.

Selbstmordgefährdete, d.h. suizidale Jugendliche bewirken ein Zuwendungsverhalten, das nach dem tatsächlichen Suizidversuch in aller Regel aufgrund unserer tiefen Betroffenheit noch zunimmt. Ähnliches gilt für Pubertierende und Adoleszenten, die wiederholt offenes Selbstverletzen zeigen. Hier stellt sich beim „Helfer" aber stets auch ohnmächtige Wut ein. Dies tritt ganz besonders dann ausgeprägt auf, wenn man nicht verhindern konnte, daß sich der Betreffende gerade eben erneut selbst verletzen mußte. Es versteht sich von selbst, daß immer dann, wenn man unmittelbarer Zeuge einer suizidalen oder selbstverletzenden Handlung wird, alles daran setzen muß, den Betreffenden von seinem Tun abzuhalten.

Befindet man sich im Dialog mit dem Jugendlichen in der präsuizidalen Phase oder in einer Pause zwischen selbstverletzenden Aktionen, lauern einige Gefahren im Umgang mit diesem Patienten. Es sind dies:[1]

– Vorschnelle Tröstung
– Ermahnung

- Ratschlag
- Belehrung
- Herunterspielen des Problems
- Beurteilung und Kommentieren
- Nachforschen, Ausfragen, Analysieren.

Um angemessen reagieren, um wirklich helfen und intervenieren zu können, ist das Wissen um den eigentlichen Anlaß der Krise wichtig. Des weiteren gilt es, die innere Bedeutung für den Betroffenen und die Frage, in welcher Krisenphase der Betreffende steht (Schock-, Reaktions-, Bearbeitungs- oder Neuorientierungsphase bzw. chronisches Verhalten) zu erkennen. Wenn es gelingt, etwas vom aggressiven emotionalen Potential „abzulassen", dieses beim „Helfer" zu deponieren, ist meist eine entscheidende Entschärfung der Situation gelungen.

Schwierig ist das richtige Maß von Nähe und Distanz, läuft doch jeder Helfer Gefahr, sich entweder aus der Beziehung heraushalten zu wollen oder sich zu sehr in die Beziehung verwickeln zu lassen. Im Dialog ist eine beziehungsfördernde Grundhaltung gefragt, die folgendermaßen aussehen könnte:[1]
- Ich nehme den anderen, wie er ist.
- Ich fange dort an, wo der andere steht.
- Ich zeige, daß ich mit ihm Kontakt aufnehmen möchte.
- Ich verzichte auf argumentierendes Diskutieren.
- Ich nehme die in mir ausgelösten Gefühle wahr (worauf weisen sie mich hin?).
- Ich verzichte auf das Anlegen eigener Wertmaßstäbe.
- Ich orientiere mich an den Bedürfnissen des Patienten.
- Ich arbeite an Partnerschaften und vermeide objektivierende Distanz.

Mit dem aktiven Werben um eine Beziehung besteht aber auch die Gefahr der Abhängigkeit. In einer Krisensituation ist jeder Mensch von äußerer Hilfe besonders abhängig. Dies bedeutet, daß dem Betroffenen diese Stütze nicht versagt werden darf. Die Hilfe darf aber nicht soweit gehen, daß sie die Selbsthilfemöglichkeit des Betroffenen einengt; im Gegenteil, es muß Hilfe zur Selbsthilfe sein.

1. Suizidvorbeugung und therapeutische Aspekte bei Selbstmordverhalten

Das Ausmaß der Suizidalität zu erkennen, d.h. präsuizidale Anzeichen rechtzeitig und richtig zu erkennen, sowie den Suizidanten in seiner subjektiven Notlage anzunehmen, sind die wichtigsten Grundregeln jeder Selbstmordprävention.

In der Begegnung mit dem Suizidalen gerät der Helfer und insbesondere der Arzt und Psychotherapeut in drei Spannungsfelder, die für ihn einen ständigen Balanceakt bedeuten.[2] Es sind dies:

1. Das Spannungsfeld um die Pole „ *Versuchung und Versagung* "
Mit *Versuchung* ist der Appell an die Rettungsphantasien, an das „Sendungsbewußtsein" und an den „missionarischen Eifer" des Helfers gemeint.
Versagung: Weil es dem Helfer nicht möglich ist, die phantastischen Ansprüche des suizidalen Patienten an Zuwendung zu erfüllen („Du bist groß und stark und wissend, du kannst mir alles geben, dessen ich bedarf: Heilung, Lösung meiner Probleme, ja sogar das Leben"). Es ist klar, daß ein solcher Appell insbesondere den Arzt in Versuchung führt, sich größer, stärker und wissender zu fühlen und zu geben, als er tatsächlich ist. Die andere Botschaft des Suizidanten lautet: „Du kannst meine Wünsche auch nicht erfüllen. Du kannst mir gar nicht helfen, du bist ein Versager."

2. Spannungsfeld um die Polarität *Mütterliches/Väterliches*
Wie bereits ausgeführt, spielt eine große und wichtige Rolle in den Phantasien suizidaler Menschen die Vorstellung, die Symbiose mit dem Mütterlichen im Sinne der Urverbundenheit wiederherzustellen: Der suizidale Jugendliche, der sich zu kurz gekommen, zu schwach und abgelehnt fühlt – in dieser Situation befindet sich der Suizidale –, bedarf der Zuwendung des Bergend-Mütterlichen. In diese Mutter-Kind-Beziehung muß – besonders bei männlichen Jugendlichen – als Dritter der Vater eingebracht werden, und zwar der „gute Vater". Dieser sollte derjenige sein, der keine Angst vor der Mutter, vor dem „bösen", verschlingenden Aspekt des Mütterlichen, hat.
Es ist dies keine leichte Aufgabe, denn einerseits wird der Helfer oder Therapeut als „guter Vater" des suizidalen Jugendli-

chen ersehnt, andererseits aber auch in der Phantasie als übermächtiger Vater und Aggressor erlebt, von dem sich der Suizidale im Racheakt einer gleichzeitigen Zerstörung und Selbstzerstörung zu befreien sucht.

3. Spannungsfeld zwischen *Leben und Tod*

Nicht wenige Therapeuten vertreten die Auffassung, daß insbesondere in der therapeutischen Situation – die andere Bedingungen habe als die Krisenintervention Suizidaler – der Therapeut dem suizidalen Patienten nur dann sicher gegenübertreten könne, wenn er nicht um jeden Preis bestrebt sei, den Suizid zu verhindern.[2] Wenn der Therapeut bereit sei, dem Tod auch standzuhalten, dann werde man unter Umständen zu folgender Haltung und Äußerung dem Patienten gegenüber kommen:

„Wenn ich das Ganze, deine Lage, die Therapie und die Atmosphäre, in der wir arbeiten, in mir fühle, so spüre ich, daß du mir eine große Last bist. Ich weiß nicht, ob ich sie ertragen kann. Du beschwerst mich mit deiner Problematik auf's äußerste, und wenn ich ehrlich bin, muß ich zugeben, daß ich dich los sein will. Aber ich schicke dich nicht fort. Ich nehme dich auf mich – denn das habe ich dir zugesagt, als ich deine Behandlung übernommen habe."

Stolze verweist hier auf die Besonderheit in einer laufenden psychotherapeutischen Behandlung: Kommt es in einer solchen zu einer suizidalen Krise, schwingt immer auch der Vorwurf von seiten des Patienten mit: „Du hast mich nicht gut genug behandelt und gehalten"; und seitens des Therapeuten: „Habe ich etwas übersehen oder falsch gemacht? Fordert der Patient mit seiner suizidalen Tendenz mehr therapeutische Zuwendung ein, da ich ihm zu wenig gegeben habe?"

Um der Grundregel der Selbstmordprävention gebührend Rechnung zu tragen, wurden folgende Regeln für das praktische Vorgehen formuliert:[3]

1. Offenes Ansprechen des Patienten auf seine Suizidgedanken (Entlastung durch Verbalisierung)

2. Akzeptieren des Patienten (= Stützung des Selbstwertgefühls)

3. Angstfreies Benennen der Suizidgedanken nach Art und Intensität (= Distanzierungshilfe)

4. Einbringen der eigenen Person des Helfers und/oder des Therapeuten

a) empathisches Verstehen
b) stellvertretende Hoffnung
(entspricht antisuizidaler Haltung)
5. Besprechung von Hilfs- und Therapiemöglichkeiten
(= Anregung von Kollaboration)
6. Festlegung der nächsten Zeitstrecke mit Kontaktvereinbarung
(= Brückenschlag)
7. Fragen und Benennen persönlicher Bezugspersonen
(= Bindung an Begleitpartner)
8. Absprache über Notrufmöglichkeiten in akuten Krisen
(= Krisenbewältigung).

Laut WHO (1968) setzen sich alle Formen der Suizidprävention folgende Ziele:

– Prävention des tödlichen Ausgangs suizidaler Handlungen
– Prävention der Wiederholung suizidaler Handlungen (Rezidivprophylaxe)
– Verhinderung des ersten Suizidversuchs
– Prophylaxe gegenüber Suizidgedanken und Suizidwünschen.

Suizidprävention hat inzwischen eine 100 Jahre alte Geschichte.[4] Die erste Telefon-Seelsorge entstand 1895 in New York. 1906 wurde in London von der Heilsarmee ein „Antiselbstmord-Büro" eingerichtet. In Berlin begann die Stadtmission 1910 mit Selbstmord-Seelsorge, und im gleichen Jahr fand in Wien die erste wissenschaftliche Konferenz des Wiener Psychoanalytischen Vereins zum Thema „Suizid bei Studenten" statt. 1928 wurde vom Leiter der „ethischen Gemeinde", *Wilhelm Börner,* eine Lebensmüden-Stelle eingerichtet, die etwa 60 ehrenamtliche Mitarbeiter beschäftigte. Unter ihnen findet man Namen wie *Charlotte Bühler* und *Viktor Frankl.* Diese frühe Einrichtung setzte sich zum Ziel, prophylaktisch zu arbeiten, das heißt Suizidhandlungen vorzubeugen. Mit den Jugendberatungsstellen arbeiteten sie eng zusammen.

Der „Wiener Weg" setzte sich derweilen international durch: 1958 wurden die ersten „Suicide-prevention-centers" in Los Angeles eröffnet, und 1960 wurde die „International association for suicide prevention and crisis intervention" (IASP) in Wien gegründet. Inzwischen gibt es mehrere nationale Gesellschaften für Selbstmordverhütung. Für die deutschsprachigen Länder wurde 1974 die Deutsche Gesellschaft für Selbstmordverhütung gegründet, die eine eigene Zeitschrift „Suizidprophylaxe. Theorie und

Praxis" herausgibt. 1990 wurde auch die „International academy for suicide research" in Padua (Italien) gegründet.

Suizidprävention bzw. Suizidprophylaxe kann unterteilt werden in *primäre Suizidprophylaxe* (Kindererziehung im weitesten Sinne und Aufklärungsarbeit in der Öffentlichkeit), *sekundäre Suizidprophylaxe* (aktiv: Verhindern der Selbsttötung bei Menschen in einer Krise; passiv: Erschweren des Zugangs zu Hochbauten, Drogen, Schußwaffen usw.) sowie *tertiäre Suizidprophylaxe* (Nachbetreuung von Menschen nach überlebtem Suizidversuch).[5]

Im Rahmen der primären Vorbeugung sollen vor allem besondere Belastungs- und Risikofaktoren (z. B. chronische emotionale Vernachlässigung in der frühen Kindheit, belastende Familienverhältnisse, belastende Ereignisse vor dem Suizid etc.) verhindert werden. Durch eine adäquate, konsequente, liebevolle und auf das Kind eingehende Erziehung wird der wesentlichste und effektivste Beitrag zur primären Suizidverhütung geleistet. Aus diesem Grunde werden am Ende dieses Buches entsprechende Empfehlungen gegeben.

Bei der sekundären aktiven Suizidprophylaxe geht es um den Dialog mit jener Person, die in die suizidale Krise geraten ist. Wie alle Suizidpräventionen ist auch die aktive sekundäre Prävention keine rein ärztliche Aufgabe, sondern ein interdisziplinäres Anliegen. Bewährt haben sich Kriseninterventions-Zentren, Telefonseelsorge und interdisziplinär besetzte Suizid-Präventions-Zentren.

Welche Maßnahmen stehen den Eltern, Lehrern oder generell all jenen Personen zur Verfügung, die mit suizidalen Kindern und Jugendlichen zu tun haben? Folgende „Anlaufstellen" sind unter praktischen Gesichtspunkten wichtig:

1. Hausarzt oder Kinderarzt
2. Praktizierender Kinder- und Jugendpsychiater/Psychotherapeut oder Psychiater/Psychotherapeut
3. Beratungsstellen: Psychologische Beratungsstelle, Familien- und Jugendberatungsstellen
4. Telefon-Seelsorge
5. Sozialpsychiatrische Dienste
6. Insbesondere außerhalb der Arbeitszeit: Bereitschaftsdienste der entsprechenden lokalen kinder- und jugendpsychiatrischen Abteilungen oder Erwachsenen-Psychiatrien
7. Seelsorger/Pfarrer.

Im Rahmen einer sekundären Suizidprophylaxe kann es notwendig werden, einen Jugendlichen auch gegen seinen Willen fürsorglich in die Obhut einer Klinik zu nehmen. Dies wird in aller Regel auf einer kinder- und jugendpsychiatrischen Abteilung geschehen oder aber, wenn eine solche gerade nicht vorhanden ist, in einer Erwachsenen-Psychiatrie. Eine solche Maßnahme der Freiheitsberaubung kann aber nur mit Einverständnis der Eltern erfolgen und muß, wenn der Jugendliche sich dagegen ausspricht, innerhalb von 72 Stunden durch einen Vormundschaftsrichter, der mit dem Jugendlichen spricht, bekräftigt werden (diese Regelung ermöglicht es, daß man Freitagabends eine selbstmordgefährdete Person gegen ihren Willen über das Wochenende bis zum Montagmorgen zu ihrem eigenen Schutz auf einer geschlossenen Station behandeln kann). Die Entscheidung, ob eine geschlossene stationäre Aufnahme erfolgt oder nicht, ist Sache des entsprechenden Facharztes für Kinder- und Jugendpsychiatrie oder Facharztes für Psychiatrie, der den Jugendlichen in seiner Abteilung aufnimmt. Dieser Arzt wird sich aber selbstverständlich mit dem einweisenden Arzt oder mit den entsprechenden Helfern der bislang in Anspruch genommenen Institutionen und den Eltern in Verbindung setzen.

Krisenintervention bei akut selbstmordgefährdeten
Jugendlichen als tertiäre Vorbeugung und Rückfallverhütung

Kurzzeit-Kriseninterventionen z.B. nach einem Suizdversuch mit Tabletten und entsprechender Behandlung auf einer Intensivstation haben in aller Regel zur Folge, daß der betreffende Jugendliche von einem Facharzt für Kinder- und Jugendpsychiatrie/Psychotherapie daraufhin begutachtet wird, ob die Tendenz zur Selbsttötung weiterbesteht. Bei einer ein- bis ca. fünftägigen Krisenintervention auf einer kinder- und jugendpsychiatrischen Abteilung wird alles daran gesetzt, die Auslösesituationen und wesentlichen Bedingungen für den Suizidversuch zu erkennen und zu „entschärfen". Dies bedeutet ein aktives Vorgehen in Form von Gesprächen mit den Eltern, Lehrern, mit bisherigen Therapeuten bzw. „helfenden Institutionen" (Jugendamt, Beratungsstellen, etc.). Gerade bei jugendlichen suizidalen Patienten ist es erforderlich, daß ihr Einverständnis zur Kontaktaufnahme mit den entsprechenden Erwachsenen (Eltern, Lehrer, Jugendamt-Mitarbeiter etc.) vorliegt.

Die stationäre Krisenintervention wird auch, falls die Diagnosestellung bei der betreffenden Person unklar ist, eine weitere diagnostische psychiatrische Abklärung beinhalten: Leidet der Jugendliche unter einer akuten Schizophrenie, einer endogenen Depression, unter einer neurotisch-reaktiven Störung, oder handelt es sich um eine akute Adoleszentenkrise in Form eines Autoritätskonfliktes, um eine psychosexuelle Krise oder um eine Identitätskrise? Das Ergebnis ist entscheidend dafür, ob eine längerfristige stationäre Behandlung erforderlich ist oder ob eine ambulante Betreuung zur Vorbeugung eines Rückfalls ausreicht.

Die wichtigste Voraussetzung für eine erfolgreiche Krisenbehandlung von jugendlichen Suizidgefährdeten ist das genaue Beobachten und die Möglichkeit zur Aussprache. Die in Not Geratenen sollen das aussprechen können, was sie bewegt und quält. Oft ist es notwendig, daß das Thema Selbstmord vom Therapeuten aufgegriffen wird, da sich manche Jugendliche nicht spontan getrauen, dieses oft tabuisierte Thema anzuschneiden. Von entscheidender Wichtigkeit wird es sein, dem Jugendlichen zu erklären, was in die Wege geleitet wird oder geleitet werden muß. Hierdurch können unnötige Ängste abgebaut werden, und er hat nicht das Gefühl, daß Erwachsene über seinen Kopf hinweg entscheiden. Oft erleichtert es auch den Jugendlichen, zu erfahren, daß z.B. bei einer Depression Suizidgedanken häufig vorkommen und nachvollziehbar sind und daß eine Depression im allgemeinen gut behandelt werden kann.

Nach der Entlassung aus der akuten Krisenintervention werden folgende Maßnahmen zur Rückfallprophylaxe empfohlen:[6]
– Ständiges Aufrechterhalten eines therapeutischen Kontaktes
– Kooperation mit der Familie bzw. der Umgebung des gefährdeten Adoleszenten
– Feste Abmachung mit dem Patienten, im Falle ernsthafter Suizidimpulse sofort anzurufen oder den Therapeuten aufzusuchen
– Schaffung einer Behandlungskette unmittelbar nach dem ersten Suizidversuch
– Sorgfältige Planung des Übergangs von der stationären in die ambulante Behandlung

– Vorbereitung der Familie und der Umgebung auf die Reintegration des Patienten nach der stationären Krisenintervention und
– Behandlung einer etwaigen Grundkrankheit oder Beseitigung von Konflikten, die zum Suizidversuch geführt haben.

Im Rahmen der stationären Krisenintervention wird man psychotherapeutisch stützend vorgehen, d.h., es ist nicht das primäre Ziel, in wenigen Tagen die verinnerlichten Konflikte des Jugendlichen zu beheben. Dies ist nur durch eine weitere Psychotherapie im Anschluß an die Krisenintervention möglich, sei es ambulant oder stationär.

Bei der Krisenintervention jugendlicher suizidaler Patienten werden an den Therapeuten und das therapeutische Team erhebliche Anforderungen im Umgang mit den eigenen Gefühlen gestellt. Die Therapeuten werden versuchen, das Selbstbild des Suizidanten und die Art der zwischenmenschlichen Beziehungen, die sich immer auch in der Interaktion mit dem Therapeuten widerspiegeln, wahrzunehmen.

Die Erkenntnis spezifisch narzißtischer Konflikte hat vor allem praktisch-therapeutische Bedeutung. Besondere Widerstände, Phantasien und Probleme der Interaktion müssen rasch erkannt werden, damit sich der narzißtisch labile Mensch schneller verstanden und akzeptiert fühlen kann. Jeder Therapeut muß vor allem die leicht eintretende Verletzbarkeit und geringe Frustrationstoleranz jugendlicher suizidaler Patienten beachten. Gerade bei Jugendlichen erfolgen im therapeutischen Dialog Projektionen auf den Therapeuten, die oft stürmisch, fordernd und anspruchsvoll und damit schwer auszuhalten sind. Es wird darum gehen, insbesondere die erlebten Frustrationen zu wesentlichen Themen der Therapie zu machen.

2. Vorbeugende und therapeutische Maßnahmen bei offenem und verstecktem selbstverletzendem Verhalten Jugendlicher

Eine Prävention versteckter selbstverletzender Erkrankungen Jugendlicher ist kaum möglich, da sie über eine beträchtliche Zeitspanne hinweg nicht als psychische Erkrankungen erkannt werden. Auch hier gilt, wie beim suizidalen Jugendlichen, daß der gelungene Umgang mit aggressiven Tendenzen im Sinne von gesundem Durchsetzungsvermögen und adäquaten Problemlösungsstrategien wohl die wesentlichsten erzieherischen Faktoren sind, um ein mögliches selbstverletzendes Verhalten in der Pubertätskrise zu vermeiden.

Bei Jugendlichen mit verstecktem selbstverletzenden Verhalten (z. B. beim Münchhausen-Syndrom) wird die sekundäre Prävention hohe Anforderungen an den Therapeuten (die Therapeuten) stellen, da zum einen das suchtartige wiederholende Verhalten keine schnellen therapeutischen Erfolge ermöglicht und zum anderen die Therapieabbruchrate hoch ist.

Entsprechend der Genese des selbstschädigenden Verhaltens lassen sich zwei Gruppen unterscheiden:[7]

1. Solche, die durch äußere Einflüsse und Situationen (extrinsische Motivation) aufrechterhalten werden, z. B. durch Zuwendung im Falle des Auftretens des selbstverletzenden Verhaltens.

2. Solche, die durch innere (intrinsische) Faktoren aufrechterhalten werden. Bei ihnen liegt eine Selbststimulation vor (z. B. organisch bedingtes Selbstverletzen wie beim Lesch-Nyhan-Syndrom).

Bei der ersten Gruppe kommt es darauf an, das die Störung aufrechterhaltende oder auslösende Verhalten zu ändern, z. B. durch Zuwendungsentzug oder durch Belohnung alternativer Verhaltensweisen. Wenn der Schwerpunkt mehr auf der intrinsischen Genese liegt, kann z. B. eine medikamentöse Behandlung erfolgen.[7] Verhaltenstherapeuten empfehlen u. a. folgende verhaltenstherapeutische Behandlungsmethoden:[8]

– *Bestrafung bzw. Entzug von Zuwendung:*
Dabei muß es sich nicht um ausgesprochene „Strafreize" handeln, sondern man muß sich darauf konzentrieren, Reize zu finden, die dem Betroffenen unangenehm sind (laute Geräusche, unangenehmer Geruch etc.).

– *Vermeidenskonditionierung:*
Mit dieser Methode wird versucht, das störende Verhalten durch weitgehend neutrale Reize zu unterdrücken. Einen derartigen Reiz kann schon das mit großer Bestimmtheit ausgesprochene Wort „Nein" darstellen.

– *Vorsorgliche Fixierung zum Selbstschutz:*
Hierbei geht es um eine Fixierung, die unmittelbar auf das selbstverletzende Verhalten folgt und nur kurzfristig andauert.

Diese Methode sollte nur in sehr schweren Fällen als „ultima ratio" angewandt werden wie in folgendem Beispiel:

Die 16jährige Astrid kam aus einer Wohngruppe zur stationären jugendpsychiatrischen Behandlung, weil sie sich seit Monaten immer wieder selbst verletzte, indem sie sich vornehmlich an den Extremitäten Hautschnitte zufügte. Nachdem auch auf der Station, trotz „Dauerbegleitung", das selbstverletzende Verhalten nicht unterbunden werden konnte – der Patientin gelang es immer wieder, blitzschnell sich Gegenstände in die Wunden zu stoßen – und nach dem dritten Tag die Chirurgen eingreifen mußten, mußte Astrid fixiert werden, d.h., Arme und Beine mußten am Bett festgebunden werden. Diese Fixierung wurde meist nur über wenige Stunden beibehalten, wurde aber sofort wieder in Gang gesetzt, sobald die Patientin den Versuch einer erneuten Selbstverletzung unternahm.

Fixierungen müssen fachärztlich angeordnet, überwacht und protokolliert werden. Da sie eine Freiheitsberaubung darstellen, muß notfalls der Vormundschaftsrichter umgehend informiert werden und die Maßnahme billigen. Bei Astrid war es dank der konsequenten Fixierungen und einer medikamentösen Therapie möglich, die suchtartig vorgenommene Selbstbeschädigung erfolgreich zu durchbrechen: Nach vier Wochen – in denen Astrid mit Unterbrechung immer festgebunden werden mußte – konnte auf die Fixierung verzichtet werden.

– *Time-out:*

Mit Time-out ist ein „Absondern" gemeint: Der Betreffende wird von seiner Umgebung oder Gruppe isoliert, eventuell in einem speziell hierfür vorgesehenen „Time-out-Raum", sollte dann aber in diesem Raum begleitet werden oder aber in diesem Raum überwacht werden (Sichtkontakt). Damit wird versucht, alle möglichen Verstärker sofort nach der Selbstverletzung auszuschließen.[9]

Der Therapieerfolg bei selbstverletzendem Verhalten Jugendlicher ist von verschiedenen Faktoren abhängig: zum einen von der zugrundeliegenden Störung (handelt es sich um eine sich entwickelnde schwere Persönlichkeitsstörung oder um eine mehr neurotisch hysterisch-reaktive Erkrankung?), von der Intelligenz (geistige Behinderung oder Normalbegabung?), von der Zeitdauer des Auftretens und vom Mechanismus der Entstehung.[6]

Eine die Ursachen beeinflussende medikamentöse Therapie, die allgemein anerkannt wäre, gibt es zur Zeit nicht. Wie oben ausgeführt, haben aber die neurobiologischen Hypothesen über die Entstehung von Automutilationen (Opiat- oder Enkephalin-Hypothese, Dopamin-Hypothese und Serotonin-Hypothese) dazu geführt, daß mit Opiat- und insbesondere mit Serotonin-antagonisten versucht wurde, selbstverletzendes Verhalten zu vermindern (Antagonisten = Gegenspieler; Substanzen mit entgegengesetzter Wirkung). Auch wurden in der Vergangenheit Anstrengungen unternommen, mit niedrigpotenten Neuroleptika (bestimmte, zu den Psychopharmaka zählende Substanzgruppe) eine Linderung von Spannungszuständen zu erreichen oder mittels Antidepressiva die depressive Komponente zu begrenzen. Wichtig erscheint der Hinweis, daß Benzodiazepine (bestimmte Gruppe von Beruhigungsmitteln) durch ihre enthemmende Wirkung eine oft paradoxe Wirkung haben, d.h., sie bewirken eine Zunahme der Selbstverletzungen.[10]

Auch Analytiker haben ausführliche Darstellungen über psychoanalytisch orientierte Psychotherapie-Strategien bei selbstverletzendem Verhalten veröffentlicht.[11] Ihnen zufolge kommt es in den meist über mehrere Jahre notwendigen Psychotherapien darauf an, allgemeine Entwicklungslinien zu verfolgen, die entlang der Problembereiche „zu enge Bindung", „Ablösung" und „Selbstverwirklichung" erfolgen müssen. Ein Symptomwandel während des Therapieverlaufes könne als Zeichen der Progression angesehen werden. So wird über die Abfolge von folgenden Symptombildungen während der Therapie berichtet:

– Selbstbeschädigung
– Suchtverhalten
– Aggressives Verhalten gegenüber der Umwelt
– Vorübergehende psychosenahe Phasen mit meist optischen Halluzinationen
– Unfälle
– Psychosomatische Erkrankungen
– „Normale" Krankheiten.

Es wird die Auffassung vertreten, aggressives Verhalten gegenüber der Umwelt sei als Fortschritt gut verstehbar: Die Aggression werde nicht mehr ausschließlich gegen den eigenen Körper, gegen die eigene Person gewendet, sondern entlade sich gegen andere.

Folgende Phasen der Therapie werden vorgeschlagen:
1. Mitteilung der Diagnose, akute Krisenintervention
2. Stationäre psychiatrisch-psychotherapeutische Therapie entweder als Langzeittherapie oder als Intervallbehandlung und
3. ambulante Psychotherapie.

Während es in der ersten Behandlungsphase (Diagnose-Mitteilung und akute Krisenintervention) darum geht, weitere intensiv-diagnostische Maßnahmen zu verhindern, einen psychiatrischen-psychosomatischen Begleitarzt hinzuzuziehen und die Diagnosemitteilung mittels unterstützender, psychotherapeutischer Behandlungstechniken – d.h. nicht-konfrontativ, sondern das Gesicht des Patienten wahrend – vorzunehmen, geht es in der stationären zweiten Phase vornehmlich um die Bearbeitung verzerrter Realitätswahrnehmungen und um den Umgang mit dem eigenen Körper (körpergestützte Psychotherapie), damit die Selbstfürsorge am eigenen Körper sowie adäquate Nähe und Distanz erlernt werden können.

Wann immer möglich, sollte die sich anschließende mehrjährige ambulante Behandlungsphase vom gleichen Therapeuten durchgeführt werden, der auch der Therapeut in der stationären Einzeltherapie war.

Es erscheint mir an dieser Stelle notwendig, auf die besonders schwierige und behutsame, ganz allmählich vorzunehmende Ablösung aus der therapeutischen Beziehung bei jugendlichen Patienten mit selbstverletzendem Verhalten hinzuweisen. Generell beginnt die Ablösung aus der therapeutischen Beziehung im Erstkontakt, denn, so *Sachsse:*[11] „Eine therapeutische Beziehung ist etwas Paradoxes: Es ist von Anfang an mein Ziel, mich überflüssig zu machen." Andererseits ist „eine therapeutische Beziehung leider mit sehr großer Wahrscheinlichkeit die befriedigendste, förderlichste Beziehung, die der Patient je erfahren hat".[12]

Nach längerer Therapiezeit mit diesen schwer gestörten Jugendlichen ist es wichtig, daß der Therapeut allmählich wieder zum „gut-schlechten", realistischen Objekt fusioniert mit teils idealen, teils nicht so idealen Anteilen für seinen Patienten.[11]

Nach einer Entidealisierung ist die schrittweise Integration der Aggressionen ein weiteres wichtiges Arbeitsfeld: Der Therapeut muß vorleben, daß Schlechtes – darunter wird Aggression meist subsummiert – mit Gutem verträglich ist. Daß Aggression nicht destruktiv sein muß – wie etwa beim mißhandelnden Vater – und sogar Spaß machen kann, muß erlebt werden. Aber es gilt auch: „Der Zeitpunkt dafür, als Therapeut seine eigenen aggressiven Seiten einzubringen, kann nicht vorsichtig genug gewählt sein."[11] Schließlich ist es aus psychodynamischer Sicht wichtig, daß der Therapeut sich als kontrolliert-aggressive Person einbringt, damit an ihm die Fusion von „nur gut" und „nur schlecht" erfolgen kann, die der oder die Jugendliche bei sich selbst nicht zulassen konnte.

Die psychotherapeutische Arbeit mit Jugendlichen, die selbstverletzendes und selbstzerstörerisches Verhalten zeigen, legt die Schlußfolgerung nahe, daß bei diesen Jugendlichen selbstschädigende Vorstellungen als mehr oder weniger unbewußte Muster (Schemata) von problemerzeugenden und Probleme aufrechterhaltenden Einstellungen im Vordergrund stehen: erlernte Hilflosigkeit, Minderwertigkeitsgefühle, fehlendes Selbstvertrauen, soziales Mißtrauen, Perfektionismus, Negativierung der eigenen Person und anderer Personen aufgrund idealisierter Wunschvorstellungen, Fehlen von realistischen Erwartungen und angemessenen Problemlösungsstrategien, Unterdrückung von Gefühlen und der Selbstwahrnehmung, Ablehnung von Kommunikationsfähigkeit und Genußfähigkeit. Immer wieder sind es wahrnehmungsverzerrende Beurteilungen von problematischen Beziehungen, die als Angelpunkt selbstdestruktiver Erlebens- und Verhaltensweisen angesehen werden müssen.

VI. Gesellschaftliche Faktoren, die selbstzerstörerisches Verhalten fördern

Aufgrund des bisher Gesagten ist deutlich geworden, daß selbstzerstörerisches, autoaggressives Verhalten in seinen verschiedenen Ausprägungsformen unter Jugendlichen ganz unterschiedliche Ursachen hat. Da menschliches Verhalten, Menschsein schlechthin, ein bio-psychosoziales Phänomen darstellt, kann es monokausale Bedingungen für autoaggressives Verhalten eigentlich auch nicht geben. Wenn oben ausgeführt wurde, daß aus jugendpsychiatrischer und entwicklungspsychologischer Sicht die Pubertätskrise insbesondere eine Vertrauens- und Kommunikationskrise, eine Autonomie- und Identitätskrise ist, so läßt sich für Jugendliche, die selbstverletzendes oder gar suizidales Verhalten zeigen, verkürzt formulieren: Es handelt sich hierbei um schwere Beziehungs- und Sinnkrisen, in die sich die Betroffenen quasi hineingeworfen fühlen. Beide Problembereiche überlappen sich: Sinn- und Wertekrisen sind Beziehungskrisen, Störungen in der Beziehung des Menschen zu seinen Welten – zur Innenwelt und Außenwelt, zur Mit- und Umwelt. Familie und Schule sind die Orte der primären und sekundären Sozialisation und damit jene „Um-Welten", die das Fundament für die Einstellung des Jugendlichen zu sich selbst, zum Mitmenschen und zur Schöpfung legen. Persönliche Sinnkrisen unserer Jugendlichen können nicht isoliert betrachtet werden, sondern sind stets unter entwicklungspsychologischen, systemischen (System Familie) und soziologischen Aspekten zu bewerten.[1]

Wenn es in diesem Kapitel um mögliche Einflüsse unserer Gesellschaft auf selbstzerstörerisches Verhalten geht, dann sind aufgrund der Komplexität der sich gegenseitig bedingenden Variablen natürlich keine Aussagen im Sinne von einfachen Ursache-Folge-Verhältnissen möglich. Trotzdem erscheint es sinnvoll und notwendig, jenen Untersuchungsergebnissen nachzugehen, die versuchen, Korrelationen zwischen sozio-demographischen Variablen und selbstverletzendem, suizidalem Verhalten Jugendlicher aufzuzeigen.

1. Bevölkerungspolitische und soziale Faktoren, die selbstzerstörerisches Verhalten beeinflussen

Einer amerikanischen Studie zufolge bringen sich weiße Jungen und Mädchen unter 18 Jahren im Vergleich zu schwarzen oder hispano-amerikanischen Gleichaltrigen mit doppelter Häufigkeit um.[2] Sobald die Grenze von 20 Jahren überschritten ist, verkehrt sich dieses Faktum in das Gegenteil. Dieses Ergebnis überrascht und könnte den Schluß nahelegen, daß soziale Faktoren wie Armut, Arbeitslosigkeit und Alkoholismus keine entscheidende Rolle für selbstverletzendes Verhalten unter Jugendlichen und Adoleszenten spielen.

Dieses Forschungsergebnis kann aber auch so interpretiert werden, daß es gerade zeigt, wie das Netz sozialer Beziehung, das unter Farbigen viel dichter ist als bei Weißen, die wirkliche Trennlinie zwischen Jugendlichen und jungen Erwachsenen bildet.[3] Diese Interpretation wird gestützt durch eine geringe Verbreitung des Suizids unter weißen Jugendlichen in den Südstaaten der USA und in ländlichen Gebieten, wo das soziale Netz noch heute viel fester ist als unter den Bedingungen einer Großstadt.[4] Der engere Zusammenhalt in Großfamilien aus ländlichen Gebieten könnte ein unspezifischer schützender Faktor auch für suizidales Verhalten sein, insofern sich der Jugendliche im ländlichen Kontext mehr eingebunden, mehr gestützt und getragen weiß als jener, der in einer Kleinstfamilie oder mit alleinerziehenden Elternteilen unter schwierigsten Großstadtbedingungen aufwachsen muß.

Daß sich die Auflösung von sozialen und kulturellen Strukturen gravierend auf ganze Bevölkerungsgruppen auswirken kann, ist am Beispiel der Indianer in Kanada und den USA zu sehen: Unter indianischen Jugendlichen, die mittlerweile seit Generationen in Nordamerika aufwachsen, ist die Suizidrate fünfmal höher als jene der weißen Gleichaltrigen.[5] Unseren eigenen Erfahrungen zufolge ist der Anteil der Jugendlichen, die nach der Wende mit nur einem Elternteil aus der ehemaligen DDR in die BRD übergewechselt sind, unter den suizidalen Jugendlichen auffällig angestiegen.

Bedeutsam erscheint auch das Phänomen, daß unter Erwachsenen viel häufiger Singles einen Suizid begehen als solche, die verheiratet sind, während bei Jugendlichen die Situation sich genau umgekehrt verhält.[6] Diese Erscheinung ließe sich damit erklären, daß eine Ehe unter Jugendlichen oft eine aufgenötigte Flucht aus einer belastenden sozialen Umgebung oder eine erzwungene Entscheidung aufgrund einer unerwünschten Schwangerschaft darstellt.[3]

Vernachlässigung und Gewalterfahrung, sei es in der Familie oder außerhalb der Familie (insbesondere der sexuelle Mißbrauch), scheinen ein späteres autodestruktives Verhalten Jugendlicher zu fördern: So ließ sich nachweisen, daß über 20% untersuchter jugendlicher Suizidanten schwere Gewaltakte in der Kindheit erlitten hatten.[7]

Prädisponierende und beschleunigende Faktoren für autoaggressives Verhalten sind nach zahlreichen Untersuchungen:

1. Ein frühzeitiges Zerbrechen der Familienbindungen[5]
2. Der Mißbrauch von Alkohol und Drogen.[8] Nach dieser Untersuchung haben 70% der untersuchten suizidalen Jugendlichen Alkohol und Drogen mißbräuchlich konsumiert. Während bei den männlichen suizidalen Jugendlichen insbesondere der Drogenkonsum im Vergleich zu den Mädchen auffällig ist, hat die Verbreitung des Alkoholismus unter Einnahme von bestimmten Psychopharmaka unter jungen Frauen (vor allem in den nordeuropäischen Ländern) innerhalb eines Jahrzehnts zu einer Verdoppelung der Suizidversuche geführt.[9]

Keine Zweifel bestehen darüber, daß der Wandel der Familienstruktur (Beschränkung familiärer Bindungen auf Rumpf- und Kleinstfamilien) zu einer Schwächung von alternativen Beziehungsangeboten tragender Art geführt hat, insbesondere dann, wenn die verbliebenen Beziehungen zu Elternteilen problematisch sind und in Frage gestellt werden (wie dies im Ablösungsprozeß der Adoleszenz per se und bei Jugendlichen in Adoleszentenkrisen insbesondere der Fall ist). Daß mit der Zunahme der Gewalt in unserer Gesellschaft auch die Gewalt gegen sich selbst zunimmt in dem Sinne, daß sich die Aggression insbesondere bei Mädchen gegen die eigene Person richtet, darf als gesichert angesehen werden. In den USA entwickelte sich der Verkauf von Waffen parallel zu den Suiziden Jugendlicher, die eben mit diesen Mitteln ausgeführt wurden. Mittlerweile gehören Mord und Suizid unter Adoleszenten in den USA zu den bei weitem häufigsten Todesursachen.[10]

Im folgenden möchte ich darauf eingehen, inwieweit ein in unserer Gesellschaft in den letzten Jahrzehnten festzustellender Sinn- und Werteverfall die Sinn- und Wertekrisen der Jugendlichen beeinflußt und damit indirekt selbstzerstörerisches Verhalten bedingen kann.

2. Die gesellschaftliche Sinn- und Wertekrise und ihre Bedeutung für selbstzerstörerisches Verhalten Jugendlicher

Der aufmerksame und kritische Beobachter unserer Gesellschaft läuft Gefahr, entweder Verdrängungskünstler oder Masochist zu werden, denn das Unheil, das uns droht, scheint ganz und gar jeder menschlichen Dimension entwachsen zu sein. Am 4. September 1993 hat das Parlament der Weltreligionen in Chicago eine Erklärung zum Weltethos verabschiedet, in deren Präambel es heißt:

„Die Welt liegt in Agonie. Diese Agonie ist so durchdringend und bedrängend, daß wir uns herausgefordert fühlen, ihre Erscheinungsformen zu benennen, so daß die Tiefe unserer Besorgnis deutlich werden mag. Der Friede entzieht sich uns – der Planet wird zerstört – Nachbarn leben in Angst – Frauen und Männer sind entfremdet voneinander – Kinder sterben! Das ist abscheulich! Wir verurteilen den Mißbrauch der Ökosysteme unserer Erde. Wir verurteilen die Armut, die Lebenschancen erstickt; den Hunger, der den menschlichen Körper schwächt; die wirtschaftliche Ungleichheit, die so viele Familien mit Ruin bedroht. Wir verurteilen die soziale Unordnung der Nationen; die Mißachtung der Gerechtigkeit, welche Bürger an den Rand drängt; die Anarchie, welche in unseren Gemeinden Platz greift; und den sinnlosen Tod von Kindern durch Gewalt. Insbesondere verurteilen wir Aggression und Haß im Namen der Religion. Diese Agonie muß nicht sein ...“[11]

Unsere Welt scheint entgrenzt zu sein, und da solche raumzeitlich nicht mehr begrenzbare Verantwortung auch menschliches Maß übersteigt, können wir sie lediglich auf dem Wege einer „institutionalisierten Dauerreflexion" simulieren. *Robert Musil* (zitiert nach *Guggenberger*[12]) präzisierte diese Situation, wenn er schrieb: „Jeder Fortschritt ist ein Gewinn im einzelnen und eine Trennung im Ganzen – es ist dies ein Zuwachs an Macht, der in einen fortschreitenden Zuwachs an Ohnmacht mündet, und man kann nicht davon lassen ... Dieser Körper wächst dem Inneren davon. Unselige Auffassungen, Meinungen, ordnende Gedanken aller Zonen und Zeiten, alle Formen gesunder und kranker, wacher und träumender Hirne durchziehen ihn zwar wie tausend kleine empfindliche Nervenstränge, aber der Strahlpunkt, wo sie sich vereinen, fehlt. Der Mensch fühlt die Gefahr nahe, wo er das Schicksal jener Riesentierrassen der Vorzeit wiederholen wird, die an ihrer Größe zugrunde gegangen sind; aber er kann nicht ablassen."

Der kritische Blick auf postmoderne Tendenzen in der sogenannten Jugendkultur unserer Gesellschaft spiegelt diese Ohnmacht und Ratlosigkeit allenthalben wider. So ist die Rede vom Kult der Standpunktlosigkeit:[12] Die Postmoderne ist jene neueste in der Jugendkultur überaus erfolgreiche „Antwort-Mode", die darin besteht, „modische" Antworten zu vermeiden. Vorderhand erscheint sie als Sprech- und Gestenwende: als Verweigerung gegenüber der vorherrschenden „Facon de parler", als Absage an den Gestus von Protest und Kritik, von Widerstand und Verweigerung. Man spricht vom „Privileg des Verrückten", von Irrationalität, Desintegration und Unberechenbarkeit. Postmoderne sei die Absage an den reflexiven Leistungszwang, der im Modernitätsversprechen gesetzt sei. Die Heraldik der Postmoderne komme ganz ohne Wappentier aus. Die „Post-modernen" seien jene, die's geblickt haben, daß keiner mehr so richtig durchblickt. Jene, die sich nicht mehr verunsichern lassen von der eigenen Unsicherheit, jene, die aus der Not der Ratlosigkeit die Tugend überlegener Gelassenheit gewinnen.[12] Deshalb wurde auch von der „neuen Gleichgültigkeit" gesprochen oder, wie *Jürgen Habermas*, von der neuen „Unübersichtlichkeit".

Zur Zeitgeist-Avantgarde darf sich zählen, wer die Stirn hat, auch noch Ratlosigkeit und Relativismus als Überzeugung feilzubieten, Überzeugungsstyling, und Theoriegags anbietet: „Seien wir glücklich in der Konfusion" – nicht Wahrheit, die Konfusion wird uns freimachen! Eine neue „Empfindungslosigkeit" der Powergeneration attackiert vornehmlich die Empfindsamen und Sanftmütigen der einstigen „Flower-Power-Ära". Der einzige, so scheint es, dem man sich verpflichtet weiß, ist der eigene „Bock", den man hat oder auch nicht. *Annette Humpe* empfiehlt: „Liebt, was euch kaputtmacht! Wenn man Plastik und Beton eh nicht wegkriegt (und Denver und Dallas und McDonalds und Micky Mouse) – dann ist es am besten, man fährt drauf ab!"[12]

Machen wir uns nichts vor. Unsere Jugendlichen und Adoleszenten sehen die Ungereimtheiten und Widersprüchlichkeiten in unserer Gesellschaft und fahren auch deshalb auf entsprechende Lieder und Texte der Rock-Szene oder philosophischen Avantgarde der Postmoderne ab.

„Der Dauerzwang, vom unvorstellbaren Unheil abzusehen, hat die befreiende Simulation längst hart an die Ränder des Zwanghaften herangeführt: Je mehr wir uns im Großen irreversibel festlegen, desto beharrlicher inszenieren wir in Bewegungsreservaten Scheinmobilität. Je wandlungsunfähiger wir in die Versteinerungskatastrophe der großen Strukturen hineinwachsen, desto hingebungsvoller hegen wir die Nischen-Chance der kleinen Fluchten. Je irreversibler wir das Ökosystem mit endgültigen Folgelasten und unaufhebbaren Risiken überfrachten, desto offener trachten wir unser Privatleben von jeder Entscheidung fernzuhalten, die uns binden könnte. Es gibt eine Gemeinsamkeit dieser kleinen Fluchten und der großen Flucht nach vorn. Wir klammern uns an jene, weil wir ahnen, daß diese uns nicht gelingen wird."[12]

Adoleszentenkrise – Spiegelbild unserer Gesellschaftskrise?

Den auf den Seiten 29 und 30 beschriebenen jugendlichen Grundbedürfnissen (physiologische Bedürfnisse, Sicherheits- und Autonomiebedürfnisse, Bedürfnisse nach Zugehörigkeit und Zuneigung, Leistungsbedürfnis und Bedürfnis nach Selbstverwirklichung) entsprechen Entwicklungsaufgaben wie: innere und äußere Trennung und Unabhängigkeit vom Elternhaus, Aufbau einer psychosexuellen Identität, die Fähigkeit, tragende Bindungen aufbauen und aufrechterhalten zu können, die Entwicklung eines persönlichen Werte- und Moralsystems, die Bereitwilligkeit zur Arbeit und das Hineinfinden in eine entsprechende Arbeitstätigkeit, Versöhnung und Wiederannäherung an die Eltern.

Bei der Bewältigung dieser Aufgabenbereiche sieht sich der Heranwachsende aufgrund altersspezifischer, psychodynamischer

Gegebenheiten und Reifungsprozesse „Extrempositionen" gegenüber, die als Gegensatzpaare in Erscheinung treten, zwischen denen er hin- und herschwankt und durch die er seinen eigenen Weg finden muß. Es sind dies die Polaritäten
- Abhängigkeit vs. Unabhängigkeit
- Macht vs. Ohnmacht (Potenz vs. Impotenz)
- Passivität vs. Aggressivität
- Nächstenliebe vs. Eigenliebe
- Identität vs. Identitätsauflösung sowie
- Rationalität vs. Irrationalität (Areligiosität vs. Religiosität).[13]

Wie in einem Brennglas werden Ungereimtheiten und chronisch schwelende Problembereiche der Erwachsenen in den Sinnfindungskrisen unserer Jugendlichen, die charakteristische autodestruktive Tendenzen aufweisen, vergrößert.

Die Aufgabe der Adoleszenz – Integration der reifen Sexualität, Selbstfindung, Hineinwachsen in einen sinnvollen Arbeits- und Betätigungsbereich – wird nur dann möglich, wenn die oben skizzierten Grundbedürfnisse hin zu einer gedeihlichen und positiven Entwicklung (Liebe, Freiraum und Bestätigung) pädagogisch gewährt werden und wenn die Erwachsenen in überzeugender Weise Autoritäten und Ideale anbieten.

Identitätskrisen der Erwachsenen wirken sich besonders negativ auf die Identitätskrise des Adoleszenten aus. Trotz einer unablässig zunehmenden Informationsüberflutung durch Presse und Fernsehen ist andererseits in unserem Zeitalter der „Telekommunikation" eine zunehmende Isolierung und Vereinsamung vieler Menschen festzustellen. Das „Entwurzelungssyndrom" der Erwachsenen greift um sich: Norm- und Wertesysteme, die noch vor Jahrzehnten auch religiös verankert schienen, lösen sich auf. Zahlreiche Menschen fühlen sich in ihren Kirchen nicht mehr aufgehoben, die sich ihrerseits zum Teil in einem Zustand der Erstarrung befinden. Nichtsdestotrotz gibt es eine von den Konfessionen und Kirchen unabhängige freie Religiosität, ein Suchen nach Sinn, das sich auch in einer Hinwendung zum New Age, zu mystischen Religionen äußert. Es sind eine Unruhe und existenzielle Verzweiflung festzustellen, eingetreten durch das Gewahrwerden vieler drohender, unlösbar erscheinender globaler Probleme, die auf die Menschheit zurollen: Überbevölkerung, Flüchtlingsströme, Vergrößerung des Elends bei uns und in der

Dritten Welt, Polarisierung zwischen armen und reichen Nationen, Zerstörung unserer Umwelt, Arbeitslosigkeit, Gewalt und Minderheitenhaß. Dieses Gewahrwerden der erdrückenden und vielfältigen Probleme der nahen und fernen Zukunft bedeutet für jeden eine zweite Austreibung aus dem Paradies. Gemeint ist damit, daß wir durch das Wissen solcher übermächtigen Probleme und Bedrohungen schuldig werden, wenn wir nichts dagegen unternehmen. Als einzelner können wir recht wenig dagegen unternehmen, angesichts des globalen Ausmaßes der Umweltkatastrophen (z.B. Ozonloch, Artenschwund, Abholzung der Wälder etc.). Der Glaube an einen Gott, der es irgendwie schon richten werde und alles zum Guten wendet, existiert kaum mehr. Damit ist aber eine religiöse Entwurzelung eingetreten, die zu einer Verunsicherung und letztlich zu einer vermehrten reaktiven Sinnsuche geführt hat. Viele der jüngeren und älteren Generation fallen angesichts der erdrückenden Bedrohungen einem menschlichen Verdrängungsmechanismus anheim und dies um so stärker, je mehr Hiobsbotschaften von dieser sich anbahnenden Apokalypse auf sie einstürmen.

Symbolisch-archetypisch ließe sich diese zwiespältige Verhaltensweise des Menschen umschreiben als eine Hinwendung zum Archetyp der „Arche" einerseits und der biblischen Apokalypse andererseits. Wir machen es uns behaglich im eigenen Heim, im eigenen Auto, die stets komfortabler werden, und schwimmen dadurch gleichzeitig in einem „uterinen Wohlgefühl" trotz der von dieser „Arche" produzierten Gifte, die ja außerhalb und nicht innerhalb der schützenden „Fruchtblase" produziert werden. Je mehr der Mensch sich aber auf solche angenehmen „Inseln" seiner unmittelbaren Umgebung zurückzieht, desto häufiger wird er doch immer wieder von seinem Unbewußten in Träumen und Phantasien, aber auch durch die hereinbrechende Wirklichkeit aus seinen Eldorados herausgerissen und mit der bevorstehenden Apokalypse konfrontiert.

Der Amerikaner *Neil Postman*[14] sprach vom Verschwinden der Kindheit als Auswirkung der Massenmedien, die in der Information dem Kind keinen eigenen Raum mehr lassen. Wir müssen davon ausgehen, daß die Kinder und Jugendlichen mehr als die jetzige Eltern- und Großelterngeneration ein zunehmendes Bewußtsein über die globalen Probleme der Menschheit entwickeln, ohne daß die Erwachsenen ihnen einen Weg zeigen könnten, wie diese Probleme zu meistern sind.

Sehr deutlich wird dieses Problem in den neuen Bundesländern. Hier war die Jugend im sozialistischen System in Gruppen gut organisiert und hatte in bezug auf ihren Platz und in bezug auf Ziele klare Vorgaben und Sicherheiten. Diese Strukturen sind weggefallen, und die Jugendlichen sind ganz erheblich verunsichert und in ihrem Identitätsgefühl erschüttert.

Es fehlt in unserer Gesellschaft an hoffnungsvollen Aufgaben, die eine Perspektive für die Jugend sein könnten. Unsere philosophisch-gesellschaftliche Elite, die sich z.B. im sogenannten Posthistorismus manifestiert, verweist auf einen Endzustand noch nie dagewesenen neuen Elends, das nach dem Zusammenbruch der letzten großen Menschheitsutopien unleugbar wird. Es fehlt für die Jugendlichen der Glaube, gebraucht zu werden, nützlich sein zu können. Einerseits soll die Jugend sich anpassen, einordnen in den Strom derer, die an eine individuelle Selbstverwirklichung und Zukunft glauben und in der Leistungsgesellschaft Durchsetzungsvermögen und Machtstreben verkörpern. Andererseits will man seitens der Erwachsenen all jenes den Kindern und Jugendlichen aufbürden, das man selbst nicht erreicht hat: mehr Gemeinschaftssinn, mehr Solidarität, mehr Rücksichtnahme, mehr behutsames Umgehen mit der Umwelt. All jene Eigenschaften, die einem selbst abhanden gekommen sind, werden beklagt und gleichzeitig ihr Fehlen dem Verhalten der Jugend vorgeworfen.

Es ist ein eigenartig ambivalentes Verhältnis, das die Erwachsenen gegenüber der Jugend empfinden: Die Jugendlichkeit wird z.B. in den Medien, in der Werbung verherrlicht. Die Jugend ist Hoffnungsträger einer besseren Zukunft, die die Erwachsenen, selber einmal Jugendliche, nur teilweise realisiert haben. Die Jugendkultur als Gegenkultur ruft gleichzeitig jedoch Angst und Abwehr hervor, es kommt zum verschärften Generationenkonflikt, zur Apartheid von Jugendlichen und Alten.

Die vorhandene, immer noch zunehmende Abhängigkeit von den Eltern im psychosozialen Moratorium unserer Jugend führt zu einer scharfen Konturierung der Jugendszenen und Jugendkultur als Gegenkulturen und Rebellion einer Alternativszene. Wir Erwachsenen projizieren allgemeine, schon immer bestehende Problembereiche auf die Jugendlichen, obwohl wir selbst am

Ausgang des 20. Jahrhunderts besonders intensiv mit denselben Problembereichen konfrontiert sind (Abhängigkeit vs. Unabhängigkeit, Rationalismus vs. Irrationalismus, Religiosität vs. Areligiosität, Passivität vs. Aggressivität). Da der Erwachsene unserer Tage gleich einem Pubertierenden in eine Werte- und Gewissenskrise hineingeraten ist und sich sowohl in seinem Selbstverständnis als auch in seiner Identität zunehmend verunsichert fühlt, kann er immer weniger seiner Aufgabe genügen, Vorbild zu sein.

Wie negativ das Vorbild der Erwachsenen für die Jugendlichen ist, zeigt sich besonders krass im Bereich der Süchte: Der Alkohol-, Nikotin- und Medikamentenmißbrauch von Eltern und Großeltern prägt das Suchtverhalten der Jugendlichen und fördert dadurch indirekt selbstdestruktives Verhalten.

Alkoholmißbrauchende Jugendliche

Wie kann Trunksucht selbstverletzendes oder suizidales Verhalten Jugendlicher beeinflussen? Die Erklärung sollte uns allen aus Alltagserfahrungen bekannt sein: Alkohol reduziert Hemmschwellen, lockert aggressives Verhalten, sei es nach außen gegenüber anderen (Fremdaggression), sei es gegenüber sich selbst im Sinne der Autoaggression. Viele Delikte Jugendlicher mit gefährlicher Körperverletzung werden in angetrunkenem Zustand ausgeführt. Bemerkenswert häufig bringen sich Jugendlich auch besonders schwere Selbstverletzungen in alkoholisiertem Zustand bei. Es scheint deshalb angebracht, die innerfamiliäre Verstrickung und Wechselwirkung in Familien mit Alkoholsucht genauer zu betrachten.

Häufig neigen Jugendliche identifikatorisch dazu, das Trinkverhalten des gleichgeschlechtlichen Elternteils zu übernehmen.[15] Diese Nachahmung findet auch dann statt, wenn der betreffende Elternteil stark trinkt. Bei übermäßig starkem Trinken des Elternteils kann diese Identifikation allerdings auch kippen und in das Gegenteil umschlagen, so daß die Jugendlichen dann überhaupt keinen Alkohol trinken.[16]

Nicht wenige Untersuchungen belegen, daß alkohol- und suchtmittelabhängige Jugendliche eine in emotionaler, aber auch in finanzieller und lebenspraktischer Hinsicht sowohl sehr abhängige als auch ambivalente und symbiotische Elternbeziehung unterhalten.[17, 18, 19] Fast regelmäßig stehen Jugendliche, die Alkoholmißbrauch betreiben, in einer engen Bindung zu ihrer Herkunftsfamilie: Ein süchtiger Jugendlicher stärkt das Bedürfnis seiner Eltern, fürsorglich zu sein, wobei er dann nicht selten in übertriebenem Maße beschützt und wehrlos zur unmündigen oder unfähigen Person wird. Selbstverletzendes Verhalten stellt in solchen Fällen einer nicht altersgemäßen Abhängigkeit auch einen Selbstbefreiungsversuch dar (Kapitel II.4). Es entwickelt sich aber auch häufig eine sogenannte *Hierarchie-Umkehrung*. Der süchtige Jugendliche verbündet sich mit einem Elternteil gegen den verbleibenden Elternteil.

In Familien mit einem alkoholabhängigen Elternteil ist das Risiko insbesondere für männliche Kinder deutlich erhöht, ebenfalls eine Alkoholsucht zu entwickeln. Unabhängig davon, ob dies später eintritt, ist bekannt, daß in Familien mit alkoholabhängigen Eltern die Rate von Kindesmißhandlungen erhöht ist.[20] In Alkoholikerfamilien mit alkoholkranken Eltern ist die Rate der dissozialen und delinquenten Jugendlichen erhöht.[21] Nachgewiesen ist auch, daß Kinder von Alkoholikern wesentlich mehr Schulprobleme haben. Eine 20jährige Längsschnittstudie konnte zeigen, daß signifikant mehr Kinder ohne Schulabschluß bleiben und häufig wegen Verhaltensauffälligkeiten beraten und behandelt werden müssen.[22]

Kommt es in Familien mit alkoholkranken Eltern zu einer Verwahrlosung und emotionalen Mangelversorgung in der frühen Kindheit, fördert dies bei den Kindern die Entwicklung von später auftretenden Persönlichkeitsstörungen vom emotional instabilen Typus (sogenannte *Borderline-Persönlichkeit*). Unter Heranwachsenden mit dieser Erkrankung sind solche, die selbstverletzendes Verhalten zeigen, besonders häufig vertreten.[23]

3. Der Wandel der Familie – Risiko für Jugendliche?

Die Probleme der Reifung und Ablösung bei der Entstehung von schweren Neurosen und Psychosen im Jugendalter haben für die Kinder- und Jugendpsychiatrie in den letzten zwei Jahrzehnten zunehmende Bedeutung erlangt. Neben dem erwähnten Phänomen einer immer länger werdenden zeitlichen Kluft zwischen körperlich sexueller Reife und finanzieller Unabhängigkeit vom Elternhaus scheinen ursächlich hierfür auch Veränderungen in der Familienstruktur zu liegen: Die Zahl der alleinerziehenden Mütter und Väter steigt ständig. Hinzu kommt der allgemeine Geburtenrückgang.

Die Verkleinerung der Familie bedeutet für die Kinder einen Schwund an Verwandtschaft. Die Kinder von Einzelkindern werden die Begriffe Onkel, Tante, Vetter und Base nicht mehr kennen. Dies bedeutet nicht nur den Schwund eines für existenzielle Hilfe verantwortlichen Bezugsrahmens, sondern eine einschneidende Einschränkung der Bindungsmöglichkeiten. Kinder sind auf Vater und Mutter als ihre Hauptbezugspersonen in solchen Kleinstfamilien besonders angewiesen.

Eine Zunahme der Berufstätigkeit der Mütter bedeutet, daß immer mehr Kinder und Jugendliche nach der Schule sich selbst überlassen bleiben. In den Rumpf-Familien (84% alleinerziehende Mütter) müssen die Mütter neben ihrer Mutterrolle auch oft gleichzeitig die Vaterrolle übernehmen. Dies führt dann in der Entwicklungsphase der Loslösung, in der Pubertät und Adoleszenz zu besonderen Problemen. Zwischen alleinerziehenden Müttern und ihren pubertierenden Söhnen ergeben sich insbesondere dann Probleme, wenn weder die Mütter noch die Söhne in einer altersadäquaten engen körperlichen Beziehung zu einem Dritten oder einer Dritten stehen. Sexuelle Phantasien und Wünsche der pubertierenden Söhne können dann zu einem sehr ambivalenten Verhältnis der „sexuell nicht abgebundenen" Mutter führen. Häufig kommt es in solchen Familien zu Weglauftendenzen der Jugendlichen oder zu frühen, vorschnellen Bindungen an Gleichaltrige. Aber auch das Gegenteil kann entstehen: Wir erleben dann Kinder mit Schulängsten, die das Elternhaus nicht mehr verlassen, die zu Hause Mutter oder Vater „kontrollieren" müssen, weil ein Elternteil depressiv oder gar suizidal ist.

Die Ablösungsphase stellt einen gemeinsamen Prozeß von Jugendlichen und ihren Eltern dar.[24] Reifung und Ablösung sind demnach nicht nur eine Entwicklungsphase der Jugendlichen, sie fallen vielmehr zusammen mit einer komplementären Entwicklungsphase ihrer Eltern. Für die Eltern bedeutet der Ablösungsprozeß ihrer Kinder oft ebenfalls eine Phase der Des- und Neuorientierung. Deshalb müssen Eltern und Kinder in ihrer gegenseitigen Bezogenheit gesehen werden. Familienmitglieder haben das Bewußtsein einer gemeinsamen Geschichte und leiten die Zielsetzungen des eigenen Lebens aus dieser Geschichte ab. Katastrophal kann sich dies auswirken, wenn in Scheidungsfamilien die Beziehung zu einer elterlichen Seite völlig einfriert.

In einer Studie des Allensbacher Instituts für Demoskopie zeigen die Bundesdeutschen im Vergleich zu zehn anderen europäischen Ländern wie auch zu den USA eine ungewöhnlich große Distanz zwischen den Generationen.[25] Sie stimmen in wichtigen Lebensanschauungen wie religiösen Fragen und moralischen und politischen Überzeugungen weit weniger überein.

Es zeigen sich zudem viele Widersprüche, die auf eine Orientierungskrise hinweisen. So werden auf der einen Seite gesellschaftliche Normen, welche die individuelle Autonomie einschränken, radikal attackiert, gleichzeitig aber besteht unvermindert der Wunsch fort, in einer Gruppe Geborgenheit zu finden. Eine ausgeprägte Familienorientierung steht im Konflikt mit einer ungewöhnlichen Scheu vor Bindung, Verpflichtung und Identifikation.

Insbesondere beschreibt jeder dritte Deutsche sein Verhältnis zum Vater als äußerst distanziert, was die Aussage bestätigt, der Nationalsozialismus habe vor allem die männliche Domäne diskreditiert.[26] In keinem anderen der untersuchten europäischen Länder sieht ein so hoher Anteil der befragten Jugendlichen die Eltern als einander fremde, eher nebeneinander als miteinander lebende Partner. Dies hänge mit der Tatsache zusammen, daß keine andere europäische Nation in den letzten 100 Jahren mehrfach derart radikal mit der eigenen Vergangenheit habe brechen müssen. Der Ort, wo die Verarbeitung dieser Brüche in den Werten, Normen und Zielsetzungen stattfinde, sei vor allem die Familie. Die Studie stellt ferner fest: Je schwächer die Bindung an die eigenen Eltern, desto geringer die Zufriedenheit mit dem eigenen Leben insgesamt, desto geringer das Zukunftsvertrauen und desto größer die Zukunftsangst.

Auch diese Befunde stehen im Einklang mit einem – von Außenstehenden immer mit einem gewissen Befremden empfundenen – Zukunftspessimismus der Bundesdeutschen und deren hochgradiger „Empfänglichkeit" für alle Formen von Vorkommnissen, die den bevorstehenden „Weltuntergang" ankündigen.

Väter werden gemäß jener Allensbacher Studie mehr als Träger von Weltanschauungen gesehen als die Mütter. Die Beziehung zu ihnen ist stärker ideologischen Spannungen ausgesetzt. Wie in keinem anderen Land hegen junge Bürger jeglicher Autorität gegenüber ein prinzipielles, sich über alle Lebensbereiche erstreckendes Mißtrauen. Während andere Länder Autorität selektiv in einzelnen Lebensbereichen akzeptieren, ist Mißtrauen gegenüber jeglicher Autorität nur in der Bundesrepublik als durchgängiges Muster festzustellen.

Eigenartigerweise beruht die Distanz zur Autorität nicht etwa auf einem autoritäreren Erziehungsstil der Eltern heutiger erwachsener Bundesbürger. Im Gegenteil: In keinem anderen Land wurde die Erziehung der Eltern als so mild empfunden wie in der BRD. Personen, die generell Autoritäten distanziert gegenüberstehen, zeigen auch Distanz zu den gesellschaftlichen Institutionen, zu Kirche, Erziehungswesen, Bundeswehr, Polizei und Verwaltung. Hieraus wurde die Schlußfolgerung gezogen, daß ohne Identifikation mit der eigenen Geschichte keine Familie und kein Volk in konstruktiver Art die Probleme der Gegenwart und Zukunft bewältigen kann.[24]

Zum Problem der Trennungs- und Scheidungswaisen

Circa 30% aller Jugendlichen waren oder sind Trennungs- oder Scheidungswaisen. Das Auseinanderbrechen der Familien bedeutet aber, daß meist Kinder und Eltern gleichermaßen in eine Phase der Ohnmacht, Verzweiflung und Wut hineingeraten. Ein reaktiver kindlicher Trauerprozeß, der unbedingt notwendig ist und von den Eltern zugelassen werden müßte, hängt aber davon ab, inwieweit die Eltern selbst fähig sind, Trauerreaktionen zuzulassen und die Kinder nicht für ihre eigenen Zwecke zu mißbrauchen.

In Trennungs- und Scheidungsfamilien besteht bei den verbliebenen Mitgliedern ein übergroßes Bedürfnis nach Harmonie, so daß Ablösungsprobleme, die sich nicht unterdrücken lassen, unterschwellig bleiben müssen, keiner offenen Bearbeitung zugänglich sind und auf anderen „Kriegsschauplätze", d.h. außerhalb der Familie, ausagiert werden. Enttäuschte Kinder und Jugendliche aus Kleinstfamilien neigen zu übergroßen Erwartungen hinsichtlich positiver alternativer zwischenmenschlicher Beziehungen außerhalb der Familie. Dies bekommt dann die Schule zu spüren.

4. Schule als Risikofaktor für aggressives und autoaggressives Verhalten?

Der anhaltende Trend zu weiterführenden Schulen zeigt, daß die Leistungserwartungen der Eltern deutlich zugenommen haben (einer Umfrage zufolge sollen 95% aller Eltern bei Schulbeginn ihrer Kinder die Erwartung hegen, daß ihr Kind auch das Abitur schafft; lediglich ca. 30% bis 35% aller ABC-Schützen kommen dieser Erwartungshaltung der Eltern nach). In bester Absicht wollen die Eltern für ihre Kinder die bestmöglichen Berufschancen sichern und glauben, daß dies nur über weiterbildende Schulen möglich sei. Ein Großteil der Kinder, die der Kinder- und Jugendpsychiater zu sehen bekommt, ist falsch eingeschult und überfordert.

Zu dieser Misere des Leistungsdrucks durch die Eltern kommt noch ein weiteres hinzu: Die Hauptschulen sind zum Sammelbekken der „schlechten" Schüler geworden, sie werden besonders stark von Ausländerkindern besucht, die es meist wegen ihrer zunächst vorhandenen Sprachprobleme in den ersten Jahren ihres Aufenthaltes in der BRD nicht schaffen, eine weiterführende Schule zu besuchen. Die Hauptschulen werden damit zu Schulen dritter Klasse abgestempelt, Hauptschüler empfinden sich als „Looser", als „Negativauslese" der Gesellschaft.

Die Lehrer müßten auch mehr Vorbildfunktion einnehmen können, insbesondere in den Haupt-, Real- und Oberschulen. Dies ist nur dann möglich, wenn ein Lehrer mehrere Fächer in derselben Klasse unterrichtet. Die frühe Aufgliederung von Fachlehrern ab der 5. Klasse verhindert, daß der entsprechende pädagogische Vorbildaspekt genügend wirken kann. Gerade in der 5.–8. Schulklasse sind aber Vorpubertierende und Pubertierende auf eine Vorbildfunktion des Lehrers dringend angewiesen.

Die Schule kann negative Entwicklungen in der Familie nicht verhindern. Gleichwohl wäre eine größere pädagogische Freiheit für Erziehung im Unterricht notwendig. Der Schule sollte es nicht zuerst darum gehen, Wissen zu vermitteln, sondern bei den Kindern und Jugendlichen das Interesse dafür zu wecken, aus eigenem Antrieb selbständig und ausdauernd etwas lernen zu wollen. Empirische Untersuchungen im Bereich der Jugendforschung haben gezeigt, daß als unfair empfundene Leistungsbeurteilungen durch Lehrer und Eltern die Schüler aggressiv machen: Nicht ohne Grund steigt das Gewaltniveau an Schulen mit scharfem Wettbewerb und starkem Leistungsdruck. Auch zu große Schulen mit anonymen Beziehungen sowie unübersichtliche und ungepflegte Schulgebäude machen Schüler gewalttätig, da sie sich nicht mehr für die Schule und für ihr Klassenzimmer verantwortlich fühlen.

Eine mangelnde pädagogische Verantwortlichkeit seitens der Eltern entspricht in manchen Schulen der mangelnden Fähigkeit der Lehrer, in den Pausen ihrer Aufsichtspflicht nachzukommen: Sie schauen lieber weg, wenn Jugendliche handgreiflich werden oder wenn sie ganz offensichtlich mit Drogen handeln. Die Betonung von Teamgeist und der Fähigkeit, mit anderen gemeinsam etwas zustande zu bringen, muß stärker gefördert werden und nicht nur die individuelle Leistung, die einseitig das Konkurrenzdenken fördert. Unser marktwirtschaftliches, kapitalistisches und leistungsbezogenes System bringt es mit sich, daß auch in unseren Schule die „Ellbogen-Mentalität" und ein egoistisches Verhalten um sich greifen bzw. um sich gegriffen haben. Es geht mehr um das Habenwollen und weniger um das Teilen, mehr um Besitzdenken und um Macht, die in vielfältiger Weise im täglichen Leben den Kindern durch die Erwachsenenwelt vorgelebt wird.

Die hier geschilderten gesellschaftlichen Rahmenbedingungen, die sicher nicht unmittelbar das selbstdestruktive Verhalten von Jugendlichen, die in eine Sinnkrise hineingeraten sind, zur Folge haben, müssen doch gleichsam als „Nährboden und Orientierungsrahmen" im Sinne eines Risikofaktors für selbstverletzendes und selbstzerstörerisches Verhalten gesehen werden. Wenn es stimmt – und vieles spricht dafür –, daß selbstverletzendes, autoaggressives und suizidales Verhalten insbesondere Ausdruck von Beziehungskrisen und Sinnkrisen der Jugendlichen darstellt, dann muß alles versucht werden, um weitere gesellschaftliche Risikofaktoren zu minimieren.

Zusammenfassend lassen sich vier Thesen formulieren, die für viele Jugendliche in der Adoleszenzkrise zu gelten scheinen, die aber insbesondere für Jugendliche mit selbstverletzendem Verhalten und mit suizidalen Tendenzen zutreffen:

1. These:
Autodestruktive Jugendliche sind konfrontiert mit dem Verlust der Gegenwart und einer verhinderten Bedürfnisbefriedigung in der Zukunft.

2. These:
Die psychische Ausgangslage von immer mehr autodestruktiven Jugendlichen ist durch eine zu starke emotionale Entbehrung und Mangelsituation einerseits und/oder eine zu ausgeprägte Verwöhnung andererseits gekennzeichnet, wobei meist die Gleichzeitigkeit beider Erziehungsstile das eigentlich Krankmachende darstellt.

Die Befragung von 2200 repräsentativ ausgewählten Schweizer Jugendlichen ergab einen eindeutigen Zusammenhang zwischen falschem Erziehungsstil und der Tendenz zur Selbstschädigung:[27] Der sogenannte *paradoxe Erziehungsstil* der Eltern – es werden Forderungen ohne emotionalen Rückhalt gestellt – und der *gleichgültige Erziehungsstil* – keine Forderungen und kein emotionaler Rückhalt durch die Eltern – haben einen maßgeblichen Einfluß auf die Entstehung selbstschädigenden Verhaltens. Fast die Hälfte der untersuchten Jugendlichen unter einem paradoxen Erziehungsstil tendierte stark zu selbstschädigendem Verhalten, und mehr als die Hälfte litt unter den eigenen negativen Gefühlen.

Der paradoxe Erziehungsstil produziert eine latent mißtrauisch-feindselige Lebensstimmung. Je klarer der Erziehungsstil gleichzeitig emotional und normativ ist, desto geringer wird die Tendenz zur Selbstschädigung. Dies bedeutet: Eltern, die in der Lage sind, ihren Kindern emotionalen Rückhalt zu geben, und dabei gleichzeitig altersadäquate Forderungen stellen, bewirken bei ihren Kindern eine größere Lebenszufriedenheit.

3. These:
Immer mehr selbstzerstörerisch agierende Jugendliche sehen sich einer entmythologisierten Welt gegenüber und befinden sich gleichzeitig auf der Suche nach einer neuen Mythologie. Für den modernen säkularen Geist von heute sind Mythen veraltete Vor-

stellungen primitiver vorwissenschaftlicher Völker. Das mytho-
logische System jeder früheren oder heute noch intakten Stam-
meskultur hatte bzw. hat vier Funktionen:[28]
– Eine mystische oder metaphysische Funktion, um das reguläre
  Wachbewußtsein mit dem unermeßlichen Mysterium und
  Wunder des Universums zu verbinden
– Eine kosmologische Funktion, um ein verständliches Abbild
  der Natur zu liefern
– Eine soziale Funktion, um eine spezifische gesellschaftliche und
  moralische Ordnung zu bestätigen und zu bestärken
– Eine psychische Funktion, um dem einzelnen den Weg durch
  die verschiedenen Lebensstadien zu weisen.

Wir haben heute, als Mitglieder einer „modernen Gesellschaft",
das Vertrauen in metaphysische und oder religiöse Symbole weitgehend verloren. Wir leiten unsere Kosmologie aus der Wissenschaft und unsere Moral aus der Gewohnheit ab. Unser Plura-
lismus macht einen einenden Mythos unmöglich. Und doch
sind wir angehalten, wenigstens zu jener Quelle zurückzukehren,
der auch die Mythologie entspringt: der schöpferischen Imagina-
tion.

4. These:
Immer mehr Jugendliche mit autodestruktivem Verhalten reagieren auf einen von ihnen mehr und mehr als „gesetzlos" erlebten
Zustand der Gesellschaft (trotz und gerade wegen bestehender
Überbürokratisierung durch Gesetze, die der Staat aber nicht
einfordert), indem sie sie ablehnen, sich aus dieser Gesellschaft
zurückziehen durch Flucht in die Drogen oder durch eine Haltung des unbedingten, sofortigen Versorgtwerdens im Sinne eines
„Instant-relief" (Patienten mit *Münchhausen-Syndrom*).

Diese vierte These steht im Einklang mit der Annahme, daß das
kollektive Problem der Zerstörung von Lebensumwelten in
hochindustrialisierten Wachstumsgesellschaften einen gesetzlosen
(anomischen) Zustand erzeugt, der mit einer tiefgreifenden Verunsicherung des Individuums einhergeht. Dies äußert sich insbesondere im Jugendalter nicht nur in direkten Suizidhandlungen,
sondern auch in indirekten Formen der Selbstdestruktion, die, wie
der Drogenkonsum, schleichend über einen längeren Zeitraum
erfolgen.[29]

VII. Schlußfolgerungen und Ausblick

Da es sich bei jugendlichen Patienten mit schwerem offenem oder verdecktem selbstverletzendem Verhalten um sogenannte *frühe Störungen* handelt – d. h. um Personen, die in einer frühen Phase ihres Lebens erhebliche psychische Traumatisierungen erlebt haben, sei es in körperlicher, psychischer oder psychosexueller Hinsicht (körperlicher, emotionaler oder sexueller Mißbrauch bzw. Vernachlässigung), und dann in der Pubertät keine normale Trennung und Ablösung vom Elternhaus bewerkstelligen können –, erscheinen all jene Gesichtspunkte von Bedeutung, die im Rahmen einer normalen Erziehung von entscheidender Bedeutung sind, um einen adäquaten Umgang mit destruktiven Regungen und Impulsen zu erlangen. Auch bei suizidalen Jugendlichen in der Ablösungsphase vom Elternhaus geht es um all jene Aspekte, die diese Phase der Entwicklung optimieren und den Jugendlichen helfen, ihre eigene Individuation zu meistern und die Entwicklungsaufgaben zu bewerkstelligen. Wenn dies durch eine adäquate Erziehung gelingt, dann ist dies die erfolgreichste Vorbeugung und Verhinderung autodestruktiven Verhaltens.

Es geht letztlich natürlich auch um die Frage, wie wir unsere Kinder zu einer „gekonnten, gutartigen Aggression" hin erziehen können. In allen Entwicklungsperioden unserer Kinder und Jugendlichen ist die „fördernde Umwelt" mit ausschlaggebend dafür, daß Aggression in die „rechte Bahn" gelenkt wird, d. h. in autonome, gesunde, reife, konstruktive, verantwortungsvolle Aktivität. All jene benachteiligten Kinder, deren Wahrnehmungen durch biologisch bedingte Defizite oder Schwächen verändert sind, bedürfen eines besonderen Schutzes, da sie infolge ihrer organischen Beeinträchtigung gelegentlich weniger Hemmpotentiale aktivieren können, um mit Frustrationen und Belastungen fertig zu werden, um nicht vorschnell in aggressives Verhalten hineinzugeraten.

In unserer westlichen Zivilisation besteht eine eindeutige Korrelation zwischen dem Erziehungsverhalten der Eltern und aggressiven Affekten bei ihren Kindern. Das Auftreten von aggressiver Wut gegen sich selbst und andere ist abhängig von elterlichen Sozialisationsmodellen, von Lob und Strafe und davon, ob die Eltern einen duldenden oder einen autoritär-strafenden Erziehungsstil praktizieren. Wir wissen aber auch, daß sogenannte „Non-frustration-children", die antiautoritär erzogen wurden, sich als stark verängstigt, verunsichert, reizbar und reaktiv-aggressiv erwiesen.[1]

Umgekehrt gilt, daß eine zu rigorose Einengung der gesunden, aktiv-erobernden Freiheitsimpulse des Kindes zu einer passiv resignativen oder gar autoaggressiven Einstellung führen kann, die dann auch zu offen-aggressiv-trotzigem Verhalten hinführt. Kinder, die übermäßig hart bestraft oder mißhandelt wurden, zeigen starke Phantasie-Aggressionen mit Selbstbestrafungstendenzen. Wir können also sicher annehmen, daß bei zuwendungs- und liebesorientierter, unterstützender Erziehung weniger Aggressivität, bei eher ablehnungs- und straforientierter Erziehung dagegen in verstärktem Maße aggressives Verhalten entwickelt wird.

Von besonderer Bedeutung in bezug auf Aggression und Autoaggression ist die Frage, inwieweit wir als Erwachsene an diesen Verhaltensweisen Schuld mittels unserer Erziehung haben. Es sei deshalb erlaubt, hierzu einige Gedanken auszubreiten.

Schuld ist das Gewahrwerden einer Verantwortlichkeit, die ich bislang nicht wahrgenommen habe. Sie drückt sich in Gewissensangst aus, d.h., Gewissensangst ist Angst vor Schuld. Erste Entwicklungsschritte im Hinblick auf moralisch-sittliches Verhalten erfolgen bereits im Vorschulalter in Form einer heteronomen, fremdbestimmten Moral:[2] Schuld entsteht durch die Herausbildung der Über-Ich-Instanz, der Gewissensinstanz, die eine Art Erkenntnisorgan für Gutes und Schlechtes ist. Diese Gewissens-Instanz funktioniert als Richter, gibt Befehle und droht mit Strafe oder Belohnung. Das Kind lernt: Gut bin ich, wenn ich mich so verhalte, daß ich geliebt werde. Schlecht bin ich, schuldig mache ich mich, wenn ich durch mein Verhalten Liebesentzug provoziere. Diese Erfahrungsnotwendigkeit kann vielfältig von den Erwachsenen mißbraucht werden.

Arthur Schopenhauer hat einen bedeutenden philosophisch-psychologischen Beitrag zur Klärung der Gewissenfrage geliefert. Er ging von der schlichten Beobachtung aus, daß es offenbar eine allgemein menschliche Anlage zu geben scheint, die Angst und

Schuldgefühle hervorruft, wenn man Unrecht tut, anderen Schmerz bereitet oder Leidenden Hilfe verweigert. *Schopenhauer* rückte damit ein allgemein verbreitetes Gefühl in den Mittelpunkt, das Mitleid. Hier walte eine innere Stimme, die den einzelnen mit allem Leben unmittelbar verbinde.

Unter entwicklungspsychologischen Gesichtspunkten liegt das Gewissen als moralische Triebfeder in permanentem Widerstreit insbesondere mit egoistischen und aggressiven Prägungen. Wie gehen wir mit eigener Schuld um? Sie wird entweder verdrängt oder abgebaut durch Wiedergutmachung, durch Sühne und Beichte. Diese Wiedergutmachung durch Sühne kann aber auch bis in den Masochismus hineinreichen und Zwangsformen pathologischen Ausmaßes annehmen. Wie gehen wir mit fremder Schuld um? Wir können vergeben oder nach Rache trachten, nach Ausgleich und Wiedergutmachung von außen suchen.

Kinder lernen eigentlich spielerisch, daß sie trösten, wiedergutmachen, mitleiden und dadurch ihr eigenes Schuldig-Werden bewältigen können. Wenn aber ein Kind von seinen Bezugspersonen überwiegend erfährt, daß es sich nicht richtig verhält, daß es etwas falsch gemacht hat, daß es schlecht ist, wird es entweder verhaltensauffällig reagieren (aggressiv nach außen agieren) oder – wenn es bereits verinnerlichen (internalisieren) kann – ein vermindertes Selbstwertbewußtsein aufbauen, depressiv werden oder auch zwanghaft reagieren (Zwangs- oder Angstneurosen zeigen) bis hin zu aggressivem Verhalten gegen sich selbst.

Es ist damit die „fördernde Umwelt", die verzeihende und vergebende, die not tut, um mit der Frage der Schuldentwicklung psychologisch richtig umzugehen. Individuelle Schuldwahrnehmung und -anerkennung können auch zu einer Selbstwertkränkung, zu einer Herabsetzung der Achtung vor sich selbst und vor den Mitmenschen führen, die nur derjenige ertragen und bewältigen kann, der sich von klein auf in dieser Umwelt geborgen fühlt und sich von seinen Mitmenschen grundsätzlich akzeptiert weiß.

Dem kindlichen Schuldigwerden durch Übertretung von Geboten und Verboten entspricht im Erwachsenenalter auch das Gewahrwerden von Ungerechtigkeit in bezug auf unsere Mitmenschen und unsere Umwelt angesichts einer Ohnmachtsituation, die zu Handlungsunfähigkeit, zur Lähmung führt, d. h. zur Unterlassung der notwendigen Reparationsmaßnahmen.

Es entsteht damit ein Schuldigwerden durch das Wissen um Mißstände, die geändert werden müßten, ohne daß sie im Augenblick aber geändert werden können. Unsere Gesellschaft und unser Wissen von den Problemen dieser Welt produzieren damit ständig latente Schuldgefühle. Über die Medien werden wir zu Mitwissern, zu Mitschuldigen und auch zu Mittätern in bezug auf eine geschundene Menschheit, Umwelt und Schöpfung. Dies bedeutet, um es in einem Bild auszudrücken, für den Erwachsenen eine neuerliche Vertreibung aus dem Paradies. Damit ist die Schuldproblematik hochaktuell geworden, betrifft Kinder, Jugendliche und Erwachsene gleichermaßen (wir werden häufig aneinander schuldig).

Aus entwicklungspsychologischer und psychiatrischer Sicht ist die Wahrnehmung eines Schuld- und Unrechtsbewußtseins erst dann möglich, wenn physiologische und psychologische Grundbedürfnisse den Menschen nicht vorenthalten werden. Wenn eine Person ihre physiologischen Bedürfnisse (Hunger, ausreichend Schlaf etc.), ihre Sicherheits-, Besitz-, Liebes- und Statusbedürfnisse, ihr Bedürfnis nach Achtung, nach Selbstverwirklichung und Eigenentwicklung in sträflicher Weise mißachtet sieht, wird sie weder ihr eigenes Schuldig-Sein noch ihre Verantwortlichkeit normal entwickeln können. Vielmehr wird sie vermehrt eigenes Schuldig-Werden auf andere projizieren, andere als Schuldige anklagen, ohne eine Eigenbeteiligung bei sich wahrzunehmen bzw. wahrnehmen zu können (delinquente Entwicklung).

Die Unterstützung zur Kommunikationsfähigkeit und die Ausbildung von Selbstbewußtsein erscheinen aus meiner Sicht zwei weitere protektiv wichtige Faktoren zu sein, die den Eigen- und den Fremdenhaß minimieren helfen.

Zum Schluß will ich, sozusagen als Ausblick, 13 Thesen formulieren, die anregen sollen, wie Eltern, Erwachsene und gesellschaftliche Institutionen zu Gewaltminimierung – sowohl in Hinblick auf Gewalt gegenüber anderen als auch hinsichtlich Gewalt gegen sich selbst – bei unseren Kindern und Jugendlichen beitragen können:

1. Ausgewogene Beziehungsgleichgewichte auf den jeweiligen Entwicklungsstufen

Es ist bekannt, daß in der Dialektik von Beziehungsgleichgewichten (Gleichheit/Verschiedenheit, Befriedigung/Versagung, Stimulierung/Stabilität, Nähe/Distanz) das Instrument der Aggressionsbewältigung geschmiedet wird.[3] Dies geschieht bereits in der frühesten Kindheit: Eine gute Mutter und ein guter Vater müssen sich auf die „Wellenlänge" des Kindes einstimmen können, müssen es in einem So-Sein akzeptieren, annehmen und erspüren, welche Grundbedürfnisse ihr Kindes hat.

Im konkreten Alltag, in dem es um Befriedigung versus Versagen des Kindes geht, ist es wichtig hervorzuheben, daß erst auf dem Boden erlebter, tiefster Befriedigung das Kind erlernen kann, Versagen zu ertragen und positiv zu gestalten. Die Mutter muß, um die Balance zwischen Stimulierung und Stabilität zu halten, zugleich schützender Schirm und Quelle der Anregung sein. Je verwundbarer der kindliche Organismus und die sich entwickelnde Psyche sind, um so stärker muß dieser Schirm sein.

2. Grundbedürfnisse befriedigen

Die Grundbedürfnisse einer gedeihlichen Entwicklung sind die einer liebenden Akzeptanz und Annahme des Kindes einerseits, das Gewähren eines Freiraumes zum Experimentieren und Entfalten andererseits. Hinzu kommt, daß die Eltern Verständnis für die Besonderheit ihres Kindes auf seiner jeweiligen Entwicklungsstufe aufbringen müssen.

Kommunikationsfähigkeit und die Ausbildung von Selbstbewußtsein sind zwei wichtige schützende Faktoren, die die Gewaltbereitschaft und den Fremdenhaß einerseits sowie eine autoaggressive Einstellung andererseits minimieren können.

3. Strukturelle Gewalt verringern

Daß auch eine strukturelle Gewalt als negative Einflußgröße die Problemlage der Jugendlichen verschärft, hat bereits die Shell-Studie 1985 zeigen können:[4] Die Jugendlichen klagten damals über Einsamkeit, Reizüberflutung, Langeweile, Unfähigkeit, die Freizeit selbständig zu gestalten.

4. Ehrlichere Schullaufbahnberatung, Vermeidung schulischer Über- und Unterforderung

Wenn bis zu 90% der Eltern von ihren Kindern Real- oder Gymnasialabschluß erwarten, so tun damit viele ihren Kindern indirekt Gewalt an.[5] Hinzu kommt, daß bei der anhaltenden hohen Arbeitslosigkeit die knapp bemessenen Lehrstellen und Arbeitsplätze das Problem des Strebens nach sozialem und persönlichem Erfolg noch erhöhen. Hieraus folgt, daß Jugendlichen Erprobungs- und Erfahrungsfreiräume für affektive Erlebnisse bereitzustellen sind und wir zu einer ehrlicheren und realistischeren Schullaufbahn-Beratung gelangen müssen.

5. Vorbildfunktion der Erwachsenen, Erlernen von Konfliktlösungsstrategien

Um ein positives Selbstwertgefühl und ein kooperatives Verhalten im Umgang mit der sozialen Umwelt zu erreichen, um Selbstverantwortlichkeit und intellektuelle Leistungsbereitschaft zu entwickeln, benötigt ein Kind kontinuierliche Unterstützung und Wärme, konsistente Kontrolle und Rückmeldung mit eindeutiger Belohnung und Disziplinierung, einfühlend-erklärendes Erziehungsverhalten und gleichzeitige Gewährung eines sich schrittweise erweiternden Handlungsspielraums. Diese Erziehungsverhaltensweisen können aber nur dann gesichert werden, wenn Eltern und andere Erzieher bzw. Erzieherinnen selbst in befriedigenden Beziehungen unter zumindest erträglichen materiellen Bedingungen leben.

Die Vorbildfunktion der Erwachsenen ist unabdingbar, wenn sich die Fähigkeit zum Herausarbeiten gemeinsamer Konfliktlösungsstrategien ergeben soll: Familienkonferenzen, Diskussionsgruppen in der Schule und das Unterstützen von Teamwork im Gegensatz zur „Nur-Selbstverwirklichung" sind dringend notwendige Desiderate einer veränderten Bewußtseinseinstellung, die wir brauchen, sollen die Menschen nicht durch Egoismus, Verdrängung und Angst sich selbst zugrunde richten.

6. Förderung von mehr Mitmenschlichkeit und Pflege der Natur

Hinzukommen muß mehr und mehr die Einstellung, daß der Mensch in einer Wechselbeziehung mit seiner Mit- und Umwelt steht, d.h., daß es nicht nur um zwischenmenschliche Beziehungen geht, sondern auch um die Beziehung zwischen Mensch und Natur.

7. Das Gefühl, gebraucht zu werden

Jugendliche müssen das Gefühl entwickeln können, nützlich zu sein, gebraucht zu werden. Der Jugendliche muß sein Gefühl der Realität aus dem Bewußtsein beziehen, daß seine individuelle Art, Erfahrungen zu meistern, eine erfolgversprechende Variante ist, die aus einem Zugehörigkeitsgefühl zu der Gesellschaft resultiert, in der er lebt.

8. Bereitstellung von Mentoren und „Neben-Eltern"

Neben der Peer-Gruppe brauchen Jugendliche „Wahl-Eltern", aktive Paten und Mentoren. Frührentner und Langzeit-Arbeitslose und Jugendliche könnten hier ganz neue partnerschaftliche Kooperationen eingehen! Die Eltern müssen darin unterstützt werden, daß sie in der Reifezeit ihrer Kinder nicht flüchten, sondern standhalten: Die Jugendlichen müssen sich an ihnen reiben können.

9. Pädagogische Filme, die Gewaltprobleme positiv lösen

Das Fernsehen müßte mehr Filme anbieten, wie konstruktiv Problemlösungsstrategien erarbeitet und umgesetzt werden. Gleichzeitig müssen sich die Medien in bezug auf Gewaltdarstellung mehr Beschränkungen auferlegen.

10. Mehr Reifungsangebote für Eltern: Ausbau von Beratungsstellen

Die Reifungshilfe für Jugendliche muß einhergehen mit Reifungshilfe-Angeboten für Eltern und ihre Familien. Die Be-

wußtwerdung der eigenen Aggression und der eigenen Gewaltan-
teile sowie deren Integration bieten die beste Gewähr dafür, daß
der Teufelskreis, die Gewalt vornehmlich beim anderen zu sehen
und deshalb mit reaktiver Gewalt aufzuwarten, minimiert wird.

11. Initiationsäquivalente fördern

Es gilt, Initiationsäquivalente zu beleben und auszubauen: Schü-
leraustausch, Abenteuer-Pädagogik und Vereinsarbeit sind ganz
wesentliche Experimentierräume, in denen der richtige Umgang
mit der eigenen und fremden Gewalt auch außerhalb der Familie
erlebt werden kann. Sie stellen ein Korrektiv zur primären Sozialisation in der eigenen Familie dar.

12. Anleitung zur Stille und zur Teamarbeit

Anleitung zur Stille in den Schulen sowie mehr Anleitung für
Teamgeist und Teamarbeit sind dringend nötig, um Hektik,
Reizüberflutung und übergroßem Egoismus entgegenzutreten.

13. Verringerung der finanziellen Abhängigkeit von den Eltern

Schließlich scheint es besonders wichtig zu sein, Jugendliche
möglichst schnell in die Verantwortung für gesellschaftliche Probleme einzubinden: Das „psychosoziale Moratorium", die Zeit
zwischen Geschlechtsreife und voller sozialer Eigenständigkeit (in
der Regel 10–15 Jahre), muß verringert werden. Zu lange andauernde Abhängigkeit und Unmündigkeit bei voller körperlicher
und sexueller Reife bedingen eine übersteigerte Gegenkultur der
Jugendszene. Die Jugendphase als Experimentier- und Freiraum
ist sinnvoll und notwendig, eine allzulang andauernde Ausschlie-
ßung von Mitverantwortung fördert Unzufriedenheit, Auflehn-
nung, Rebellion oder Apathie.

Norbert Elias schrieb: „Wenn die Gesellschaft den Menschen
der heranwachsenden Generationen eine kreative Sinnerfüllung
versagt, dann finden sie schließlich ihre Erfüllung in der Zerstörung."[6]

VIII. Anhang

1. Literatur

Kapitel I: Formen selbstverletzenden und selbstzerstörerischen Verhaltens

1 *Schmidtchen, G.* (1989): Schritte ins Nichts. Selbstschädigungstendenzen unter Jugendlichen. Opladen: Leske & Budrich
2 *Eckhardt, A.* (1989): Das Münchhausen-Syndrom. München/Wien: Urban & Schwarzenberg
3 *Simeon, D.; Stanley, B.; Francis, A.; Mann, J.J.; Winchel, R.M.; Stanley, M.* (1992): Self-mutilation in personality disorders: Psychological and biological Correlates. American Journal of Psychiatry 149: 221–226
4 *Hänsli, N.* (1996): Automutilation – der sich selbst schädigende Mensch im psychopathologischen Verständnis. Bern: Huber
5 *Tantam, D.; Whittaker, J.* (1992): „Personality-disorder and self-wounding. British Journal of Psychiatry 161: 451–464
6 *Rohmann U.; Hartmann, H.* (1992): Autoaggression – Grundlagen und Behandlungsmöglichkeiten. 2. Auflage. Dortmund: Modernes Lernen
7 *Favazza, A.R.* (1987): Bodies under siege. – Self-mutilation in Culture and Psychiatry. Baltimore: Johns Hopkins University Press
8 *Walsh, B.W.; Rosen, P.M.* (1988): Self-mutilation: Theory, Research and Treatment. New York: Guilford Press
9 *Favazza, A.R.; Conterio, K.* (1989): Female habitual Self-mutilators. Acta Psychiatrica Scandinavica 79: 283–289
10 *Wewetzer, G.; Friese, H.-J.; Warnke, A.* (1997): Zur Problematik offenen selbstverletzenden Verhaltens unter besonderer Berücksichtigung der Kinder- und Jugendpsychiatrie. Zeitschrift für Kinder- und Jugendpsychiatrie 25: 95–105
11 *Tröster, H.* (1992): Bewegungsstereotypien und selbstverletzendes Verhalten bei nicht behinderten Kindern. Zeitschrift für Entwicklungspsychologie und pädagogische Psychologie 24 (4): 335–354
12 *Schroeder, S.R.; Mulick, J.A.; Rojahn, J.* (1980): The definition taxonomy, epidemiology and oecology of self-injurious behavior. Journal of autism and developmental disorder 10: 417–432
13 *Dührssen, A.* (1954): Psychogene Erkrankungen bei Kindern und Jugendlichen. 6. Auflage. Göttingen: Vandenhoeck & Ruprecht
14 *Malone, A.J.; Massler, M.* (1952): Index of nailbiting in children. Journal of abnormal and social psychology 47: 193–202; zitiert nach *Troester*, 1992

15 *De Francesco, J.J.; Zahner, G.E.P.; Pawelkiewecz, W.* (1989): Child nail-biting. Journal of social behavior and personality 4: 157–162; zitiert nach *Troester*, 1992

16 *Nissen, G.* (1971): Die psychische Entwicklung und ihre Störungen. In: *Harbauer, H.; Lempp, R.; Nissen, G.; Strunk, P.* (Hg.): Lehrbuch der speziellen Kinder- und Jugendpsychiatrie. Berlin: Springer: 11–34

17 *Eckhardt, A.* (1992): Artifizielle Krankheiten (selbstmanipulierte Krankheiten). Eine Übersicht. Nervenarzt 63: 409–415

18 *Steinhausen, H.-Ch.* (1988): Psychische Störungen bei Kindern und Jugendlichen. München/Wien: Urban & Schwarzenberg

19 *Jones, J.G.; Budler, H.L.; Hamilton, W.R.; Perdue, J.D.; Stern, H.B.; Woody, R.C.* (1986): Munchhausen-Syndrome-by-proxy. Child abuse neglect 10: 33–40

20 *Menninger, K.* (1974): Selbstzerstörung – Psychoanalyse des Selbstmords. Frankfurt/Main: Suhrkamp

21 *Simpson, M.A.* (1976): Selfmutilation and Suicide. In: *Shneidman, E.S.* (Ed.): Suicidology: Contemporary developments: 286–315. New York: Grune und Stratton

22 *Simpson, M.A.* (1980): Selfmutilation as indirect self-destructive behavior: „Nothing to get so cut up about nothing ...“ In: *Farberow, N.L.* (Ed.): The many faces of suicide: 257–283. New York: McGraw Hill

Kapitel II: Selbstverletzendes Verhalten im Jugendalter

1 *Klosinski, G.* (1983): Adoleszenz: Schöpferische Krise oder Wartehalle für Aussteiger? Frankfurter Hefte 3: 30–47

2 *Neumann, E.* (1954): Die Bedeutung des Erdarchetyps für die Neuzeit. In: Eranos-Jahrbuch 1953, Bd. XXII, Zürich

3 *Garrison, K.C.; Garrison, K.C. jr.* (1975): Psychology of adolescents. 7th ed. Prentice Hall, Cliffs/New York: Englewood

4 *Klosinski, G.* (1996): Psychokulte – Was Sekten für Jugendliche so attraktiv macht. München: C.H. Beck

5 *Csef, H.; Wyss, D.* (1985): Die Bedeutung von Bindung und Trennung für die Entstehung von Krankheiten. Nervenarzt 56: 245–251

6 *Klosinski, G.* (1988): Spaltung zur Ganzheit? Trennung und Ablösung in der Jugendzeit. In: *Hartmann-Kottek-Schröder, L.* (Hg.): Spaltung und Ganzheit. Ein Grundschema unserer Entwicklung: 122–137. München: Kösel

7 *Goffmann, E.* (1992): Stigma – über Techniken der Bewältigung beschädigter Identität. 10. Auflage. Frankfurt/Main: Suhrkamp

8 *Scheff, T.J.* (1973): Das Ettiket „Geisteskrankheit“. Soziale Interaktion und psychische Störung. Frankfurt/Main: S. Fischer

9 *Steinle, D.* (1997): Zur Frage der Stigmatisierung und Entwicklung von Coping-Strategien bei stationär behandelten kinderpsychiatrischen Patienten. Inaugural-Diss. Med. Fak. Tübingen

10 *Van Gennep, A.* (1969): Initiationsriten. In: *Popp, V.* (Hg.): Initiation. Frankfurt/Main: Suhrkamp

11 *Klosinski, G.* (1979): Automutilation in der Adoleszenz. Acta Paedopsychiatrica 44: 311–323

12 *Favazza, A. R.; Conterio, K.* (1989): Female habitual Self-mutilators. Acta
Psychiatrica Scandinavica 79: 283–289

13 *Bucher, W.; Pohl, K.* (1986): Zum Buch zur Ausstellung. In: *Deutscher
Werkbund e. V. und Württembergischer Kunst-Verein Stuttgart* (Hg.):
Schock und Schöpfung – Jugendästhetik im 20. Jahrhundert: 9–10. Darm-
stadt/Neuwied: Luchterhand

14 *Hartmann, H.* (1921): Jahrbücher für Psychiatrie, Band 41, 2. und 3. Heft,
171–188

15 *Rank* (1919): Das Inzestmotiv in Dichtung und Sage. In: *Denticke* (1912)
„Psychoanalytische Beiträge zur Mythenforschung". Leipzig, Wien, Zürich: Internationaler Psychoanalytischer Verlag

16 *Haak, H.-P.* (1970): Die Selbstverstümmelung in phylogenetischer und
psychiatrischer Sicht. Psychiat. neurol. med. psychol. 22: 247–249

17 *Haberland, E.* (1977): Pubertätsriten. Bild der Wissenschaft 5: 50–51

18 *Klosinski, G.* (1994): „Zur Geschichte meiner Geschichte" – Anleitung und
Ermunterung des Psychotherapie-Patienten zum spielerisch-kreativen
Umgang mit eigenen „ver-rückten" Phantasien. Musik-, Tanz- und
Kunsttherapie 5: 131–137

19 *Karle, M.; Klosinski, G.* (1995): Zerstückelung an Leib und Seele – Kunst-
und bibliotherapeutischer Zugang zu einer Jugendlichen mit Münchhausen-Syndrom. Musik-, Tanz- und Kunsttherapie 6: 16–28

Kapitel III: Suizidversuch und Suizid bei Jugendlichen

1 *Menninger, K.* (1974): Selbstzerstörung – Psychoanalyse des Selbstmords.
Frankfurt/Main: Suhrkamp

2 *Amery, J.* (1976): Hand an sich legen – Diskurs über den Selbstmord.
Stuttgart: Klett-Cotta

3 *Pöldinger, W.; Holsboer-Drachsler, E.* (1988): Suizidalität – Erkennung und
Abschätzung. Neurologie/Psychiatrie 4: 323–329

4 *Culberg, J.* (1978): Krisen und Krisentherapie. Psych. Praxis 5: 25–34

5 *Schmidtke, A.; Weinacker, B.; Fricke, S.* (1996): Suizid- und Suizidversuchsraten bei Kindern und Jugendlichen in den alten Ländern der Bundesrepublik und in der ehemaligen DDR. Der Kinderarzt, 27. Jahrgang Nr.
2: 151–162

6 *Danneel, R.* (1975): Jahreszeitlich bedingte Unterschiede der Selbstmord-
häufigkeit bei jungen und alten Menschen. Arch. Psychiat. Nervenkrank.
221: 11–13

7 *Wolfersdorf, M.* (1996): Suizidalität im Psychiatrischen Krankenhaus. Nervenheilkunde 15: 507–514

8 *Braun-Scharm, H.* (1991): Suizidalität bei Kindern und Jugendlichen. In:
Martinius, J. (Hg.): Kinder- und jugendpsychiatrische Notfälle: 9–19.
München: Quintessenz

9 *Asarnow, J.R.; Carlson, G.* (1988): Suicide attempts in preadolescent child
psychiatry inpatients. Suicide life threat behav 18: 129–136

10 *Remschmidt, H.; Schwab, T.* (1978): Suizidversuche im Kindes- und Jugendalter. Acta Paedopsychiatrica 43: 197–208
11 *Tishler, C. L.; McKenry, P. C.* (1982): Parental negative self and adolescent suicide attempts. Journal of the American Academy of child psychiatry 21: 404–408
12 *Remschmidt, H.* (1992): Psychiatrie der Adoleszenz. Stuttgart: Thieme
13 *Mangold, B.; Seidl, E.* (1974): Der Suizidversuch als kinderpsychiatrischer Notfall. Praxis Kinderpsychol., Kinderpsychiat. 23: 233–240
14 *Ringel, E.* (1953): Der Selbstmord – Abschluß einer krankhaften psychischen Entwicklung. Wien: Maudrich
15 *Löchel, M.* (1984): Das präsuizidale Syndrom bei Kindern und Jugendlichen. Acta Paedopsychiatrica 31: 214–221
16 *Frey, C.* (1990): Suizidalität in der Adoleszenz. Schweizerische Ärztezeitung 41: 1696–1700
17 *Henseler, H.* (1974): Narzißtische Krisen. Zur Psychodynamik des Selbstmordes. Reinbek bei Hamburg: Rowohlt
18 *Ehebald, U.* (1966): Über Konflikte selbstmordgefährdeter Menschen. Wege zum Menschen 18: 283
19 *Bron, B.* (1978): Suizidale Entwicklung bei jungen Menschen in der heutigen Zeit. Praxis der Kinderpsychologie und Kinderpsychiatrie 1: 15–21
20 *Schieber, M.* (1979): Suizidversuche und Suiziddrohungen im Kindes- und Jugendalter. Diss. Med. Fakultät Tübingen
21 *Erikson, E. H.* (1966): Identität und Lebenszyklus, Frankfurt/Main: Suhrkamp
22 *Winnicott, D. W.* (1980): Kind, Familie und Umwelt. 3. Aufl. München: Reinhardt
23 *Elkind, D.* (1969): Egocentrism in adolescence. Child development 38: 1025–1034
24 *Inhelder, B.; Piaget, J.* (1958): The growth of logical thinking. New York: Basic Books
25 *Freye, I.* (1974): Der Mensch in der Grenzsituation – Zur Psychologie des Suizids. Diss: Zürich

Kapitel IV: Wie selbstverletzendes und selbstzerstörerisches Verhalten entsteht

1 *Singh, N. N.; Singh, Y. N.; Ellis, C. R.* (1992): Psychopharmacology of self-injury. In: *Luiselli, J. K.; Matson, J. L.; Singh, N.N.* (Eds.): Self-injurious behavior: Analyses assessment and treatment. Berlin: Springer: 307–351
2 *Oliver, B.; Mos, J.; Van Oorchot, R.; Hen, R.* (1995): Serotonin-receptors and animal mortals of aggressive behavior. Pharmaco-Psychiatry 28: 80–90
3 *Dichiara, G.; Camba, R.; Spano, P.* (1971): Evidents for inhibition by brain serotonin of mouse killing behavior in rats. Nature 233: 272–273
4 *Winchel, R.M.; Stanley, M.* (1991): Self-injures behavior. A review of the behavior and biology of self-mutilation. American Journal of Psychiatry 148: 306–317

5 *Hänsli, N.* (1996): Automutilation – der sich selbst schädigende Mensch im psychopathologischen Verständnis. Bern: Huber

6 *Marazzi, M. A.; Luby, E. D.* (1989): The neurobiology of anorexia nervosa. An auto-addiction? In: *Cohen, M. B.; Foa, P. P.* (Eds.): The brain as an endocrine-organ (Chapter 3: 46–82). New York: Springer

7 *Resch, F.; Karwautz, A.; Schuch, B.; Lang, E.* (1993): Kann Selbstverletzung als süchtiges Verhalten bei Jugendlichen angesehen werden? Zeitschrift für Kinder- und Jugendpsychiatrie 21: 253–259

8 *Ploog, D.* (1964): Verhaltensforschung und Psychiatrie. In: Psychiatrie der Gegenwart. Berlin: Springer

9 *Nissen, G.* (1975): Zur Genese und Therapie der Autoaggressivität. Zeitschrift für Kinder- und Jugendpsychiatrie 3: 29–40

10 *Harlow, H. F.; Harlow, M. K.* (1966): Social deprivation in monkeys. SCI amer. 207: 137

11 *Podvoll, E. M.* (1969): Self-mutilation within a hospital setting: A study of identity and social compliance. British journal of medical psychology 42: 213–221

12 *Thorwirth, V.* (1971): Autoaggression (Selbstbeschädigung) als Übersprungshandlung. Fortschritte der Neurologie und Psychiatrie 39: 542

13 *Tinbergen, N.* (1966): Instinktlehre. Berlin: Pery

14 *Leyhausen, P.; Lorenz, K.* (1968): Antriebe tierischen und menschlichen Verhaltens. München: Piper

15 *Dollard, J.; Doob, L. W.; Mowrer, O. H.; Sears, R.; Miller, N. E.* (1939): Frustration and aggression. London/New Haven: Yale University Press

16 *Berkowitz, L.* (1962): Aggression. New York: McGraw Hill

17 *Wolfersberger-Haessig, C.* (1983): Aggressivität und Autoaggression bei Kleinkindern: Ethologische Gesichtspunkte. In: *Nissen, G.* (Hg.): Psychiatrie des Kleinkind- und Vorschulalters. Bern: Huber

18 *Rohmann U.; Hartmann, H.* (1992): Autoaggression – Grundlagen und Behandlungsmöglichkeiten. 2. Auflage. Dortmund: Modernes Lernen

19 *Menninger, K.* (1974): Selbstzerstörung – Psychoanalyse des Selbstmords. Frankfurt/Main: Suhrkamp

20 *Graff, H.; Mallin, R.* (1967): The syndrome of the wrist cutter. American Journal of Psychiatry 124: 36–42

21 *Favazza, A.R.* (1989): Why patients mutilate themselves. Hospital and Community Psychiatry 40 (2): 137–145

22 *Hoffmann, S. O.; Hochapfel, G.* (1991): Einführung in die Neurosenlehre und psychosomatische Medizin. 4. Auflage. Stuttgart: Schattauer

23 *Sachsse, U.* (1987): Selbstbeschädigung als Selbstfürsorge – zur intrapersonalen und interpersonellen Psychodynamik schwerer Selbstbeschädigung der Haut. Forum der Psychoanalyse 3: 51–70

24 *Burnahm, R.C.* (1969): Symposium on impulsive self-mutilation. British Journal medical Psychology 42: 223–229

25 *Kafka, J. S.* (1969): The body as transitional object: A psychoanalytic study of a self-mutilating patient. British Journal Medical Psychology 42: 223–229

26 *Hirsch, M.* (1989): Der eigene Körper als Objekt. Berlin: Springer

27 *Battegay, R.* (1988): Autodestruktion. Bern: Huber

Kapitel V: Vorbeugung und Therapie von selbstverletzendem und suizidalem Verhalten Jugendlicher

1 *Sonneck, G.* (1988): Krisenintervention bei Suizidalität und Lebenskrisen. Neurologie/Psychiatrie 4: 352–361

2 *Stolze, H.* (1975): Sicherheit und Angst des Arztes in der Begegnung mit dem suizidalen Patienten. Münchner Medizinische Wochenschrift 6: 117

3 *Hole, G.* (1987): Vorlesungstabellen Studenten-Unterricht. Weißenau

4 *Retterstol, N.* (1996): Prävention von Suizidalität. Nervenheilkunde 15: 530–532

5 *Haenel, Th.* (1992): Suizidgefahr: Ein Mensch braucht Hilfe. Schweizerische Ärztezeitung Bd. 73, 29: 1137–1140

6 *Remschmidt, H.* (1992): Psychiatrie der Adoleszenz. Stuttgart: Thieme

7 *Carr, E.G.* (1977): The motivation of self-injurious behavior: A review of some hypotheses. Psychological bulletin 84: 800–816

8 *Brzovsky, P.* (1985): Diagnostik und Therapie selbstverletzenden Verhaltens. Stuttgart: Enke

9 *Schroeder, St.R.; Schroeder, C.S.; Rojahn, J.; Mulick, J.A.* (1981): Self-injurious behavior. An analysis of behavior management techniques. In: *Matson, J.L.; Mc Cartney, J.R.*: Handbook of behavior modification with the mentally retarded. New York: Plenum Publishing

10 *Eckhardt, A.* (1996): Artifizielle Störungen. Deutsches Ärzteblatt 93, Heft 24: B-1266-B-1270

11 *Sachsse, U.* (1994): Selbstverletzendes Verhalten. Psychodynamik und Psychotherapie. Göttingen: Vandenhoeck & Ruprecht

12 *Kernberg, O.S.* (1981): Objektbeziehungen und Praxis der Psychoanalyse. Stuttgart: Klett-Cotta

Kapitel VI: Gesellschaftliche Faktoren, die selbstzerstörerisches Verhalten fördern

1 *Klosinski, G.* (1995): Brennpunkte Familie und Schule – Wertorientierung und Sinnfrage. Tagungsbericht der 5. interdisziplinären Fachkonferenz zum Thema Lerntherapie – Bildungsmodell der Zukunft. Hamburg: 27./28. Januar 1995: Fachverband für integrative Lerntherapie e.V.

2 *McClure, G.M.G.* (1984): Recent trends in suicide amongst the young. British Journal of Psychiatry 144: 134–138

3 *Crepet, P.* (1996): Das tödliche Gefühl der Leere – Suizid bei Jugendlichen. Reinbek bei Hamburg: Rowohlt

4 *Shaffer, D.; Fisher, P.* (1981): The epidemiology of suicide in children and adolescence. Journal of the American Academy of Child Psychiatry 20: 545–565

5 *McAnarney, E.R.* (1979): Adolescent and young adult suicide in the United States. A reflection of societal unrest? Adolescence 14: 765–774

6 *Petzel, S.V.; Clein, D.W.* (1978): Adolescent suicide: Epidemiological and biological aspects. Adolescent psychiatry 6: 239–266

7 *Roberts, J.; Hawton, K.* (1980): Child abuse and attempted suicide. British journal of Psychiatry 137: 319–323

8 *Miles, C. P.* (1977): Conditions predisposing to suicide: A review. Journal of nervous mental disorders 164: 231–246

9 *Murphy G. E.; Armstrong, J. W.; Hermele, S. L.; Fisher J. R.; Clendenin, W. W.* (1979): Suicide and alcoholism. Interpersonal loss confirmed as a predictor. Archives of general psychiatry, 36: 65–69

10 *Moscicki, E. K.; Boyd, J. H.* (1985): Epidemiologic trends in firearm suicides among adolescents. Pediatrician 12: 52–62

11 *Küng, H.; Kuschel, K.-J.* (Hg.) (1993): Erklärung zum Weltethos – die Deklaration des Parlaments der Weltreligionen. München: Piper

12 *Guggenberger, B.* (1991): Die Joy-Stick-Generation: Ratlos, aber frei. Postmoderne Tendenzen in der Jugendkultur. In: *Kiesel B.; Volz, F.-R.* (Hg.) (1991): „Wo soll's denn langgehen?" Jugendliche und Pädagogen auf der Suche nach Lebensstilen und Konzepten. Arnoldshainer Texte, Bd. 67: 8–30. Frankfurt/Main: Haag und Herchen

13 *Klosinski, G.* (1983): Der Tabletten-Suizidversuch in der Pubertät – Versuch einer Autoinitiation? In: *Jochmus, I.; Förster, E.* (Hg.): Suizid bei Kindern und Jugendlichen: 92–100. Stuttgart: Enke

14 *Postman, N.* (1986): Das Verschwinden der Kindheit. Frankfurt/Main: S. Fischer

15 *Sher, K. J.* (1991): Children of alcoholics – a critical appraisal of facts and research. Chicago: University of Chicago Press

16 *Zobel, M.* (1997): Erwachsene Kinder von Alkoholikern – Wie der Vater so der Sohn? T.W. Neurologie/Psychiatrie 11: 20–24

17 *Friedman, A. S.; Santo, Y.; Glickman, N.* (1983): The program characteristics that predict to successfull treatment of adolescent drug abusers. National Institute on Drug Abuse, Rockville, MD

18 *Zimmer-Höfler, D.* (1985): Vergleichsstudie zwischen Opiatabhängigen und einer Kontrollgruppe. In: *Uchtenhagen, A.; Zimmer-Höfler, D.* (Hg.): Heroinsüchtige und ihre „normalen" Altersgenossen: 47–63. Bern/Stuttgart:

19 *Welter-Enderlin, R.* (1982): Familienarbeit mit Drogenabhängigen. Familiendynamik 3: 200–210

20 *Woodside, M.* (1983): Children of alcoholic parents: Inherited and Psychosocial influences. Journal of Psychiatric treatment and evaluation 5: 531–537

21 *Rydelius, P. A.* (1981): Children of alcoholic fathers: their social adjustment and their health status over 20 years. Acta Paediatrica Scandinavia 70, Supplement 286

22 *Miller, D.; Jang, M.* (1977): Children of alcoholics: A 20–Year-Longitudinal-Study. Social work research and abstracts 13: 23–29

23 *Sachsse, U.* (1994): Selbstverletzendes Verhalten. Psychodynamik und Psychotherapie. Göttingen, Vandenhoeck & Ruprecht

24 *Willi, J.* (1987): Was verändert sich in der Ablösungsphase in der Geschichte einer Familie? In: *Lempp, R.* (1987): Reifung und Ablösung: 54–63. Bern: Huber

25 Allensbacher Institut für Demoskopie (*R. Köcher*): Familie und Gesellschaft. Eine familiensoziologische Analyse der internationalen Wertstudie. Unveröffentlichtes Manuskript, Bd. II, 1985; zitiert nach *Willi, J.*, 1987
26 *Gehlen, H.* (1981): Moral und Hypermoral. Wiesbaden: Aula
27 *Schmidtchen, G.* (1989): Schritte ins Nichts. Selbstschädigungstendenzen unter Jugendlichen. Opladen: Leske & Budrich
28 *Campbell, J.* (1978): Der Heros in tausend Gestalten. Frankfurt/Main: Suhrkamp
29 *Malchau, J.-F. A.* (1987): Drogen und Suizid als Überlebensoption – Untersuchung zur Affinität von direkt und indirekt selbstdestruktiven Handlungen Jugendlicher. Weinheim: Deutscher Studienverlag

Kapitel VII: Schlußfolgerungen und Ausblick

1 *Mussen, B. H.; Conger, J. J.; Kagan, J.* (1976): Lehrbuch der Kinderpsychologie. Stuttgart: Klett
2 *Piaget, J.* (1930): The child's conception of physical causality. New York: Harcourt, Brace
3 *Stierlin, H.* (1969): Die Aggression in der menschlichen Beziehung. In: *Mitscherlich, A.* (Hg.): Bis hierher und nicht weiter – ist die menschliche Aggression unbefriedbar?: 119–139. München: Piper
4 *Fisher, A.; Fuchs, W.; Zinnecker, J.* (1985): Jugendliche und Erwachsene '85: Generationen im Vergleich. Shell-Studie '85, Bände 1–5, Leverkusen
5 *Hurrelmann, K.* (1989): Junge Menschen als Täter und Opfer von Gewalt und Ausbeutung. In: *AJS, N.-W.* (Hg.): Jugendschutzforum '88, Köln
6 *Elias, N.* (1989): Studien über die Deutschen. Frankfurt/Main: Suhrkamp

2. Sachregister